V&R

T0119232

Sylvana Keller / Sabine Ogrin / Wolfgang Ruppert /
Bernhard Schmitz

Gelingendes Lernen durch Selbstregulation

Ein Trainingsprogramm für die Sekundarstufe II

Mit 1 Abbildung und 10 Tabellen

Vandenhoeck & Ruprecht

Bibliografische Information der Deutschen Nationalbibliothek

Die Deutsche Nationalbibliothek verzeichnet diese Publikation in der
Deutschen Nationalbibliografie; detaillierte bibliografische Daten sind
im Internet über http://dnb.d-nb.de abrufbar.

ISBN 978-3-525-70148-5
Mit digitalem Zusatzmaterial

Umschlagabbildung: lightpoet/shutterstock.com

© 2013, Vandenhoeck & Ruprecht GmbH & Co. KG, Göttingen /
Vandenhoeck & Ruprecht LLC, Bristol, CT, U.S.A.
www.v-r.de
Alle Rechte vorbehalten. Das Werk und seine Teile sind urheberrechtlich
geschützt. Jede Verwertung in anderen als den gesetzlich zugelassenen Fällen
bedarf der vorherigen schriftlichen Einwilligung des Verlages.
Printed in Germany.

Satz: SchwabScantechnik, Göttingen
Druck und Bindung: ⊕ Hubert & Co., Göttingen

Gedruckt auf alterungsbeständigem Papier.

Inhalt

Vorwort

Es gibt eine Unmenge wissenschaftlicher Untersuchungen im Bereich Schule mit teils widersprüchlichen Ergebnissen und Empfehlungen. John Hattie (2012) hat den beispiellosen Versuch unternommen, eine Ordnung in die Studien zu bringen und die Essenz zu destillieren. Dabei hat er eine Zusammenfassung wissenschaftlicher Untersuchungen im Kontext Schule erarbeitet, bei der er eine Metaanalyse von vorliegenden Metaanalysen durchgeführt hat. Metaanalysen versuchen die Ergebnisse vieler Einzelstudien zu einem Thema zu integrieren. Hattie hat dabei Unglaubliches geleistet: Die Grundlage seiner Integrationsstudie waren 913 Metaanalysen, die 60167 Einzelstudien mit einer Gesamtzahl von 88.652.074 untersuchten Personen betrachteten.

Eine wichtige Erkenntnis ist, dass der Effekt von formalen Einflussfaktoren, wie der Anzahl der Schüler in Klassen, offener vs. traditioneller Unterricht, Gruppierung nach Fähigkeit und Koedukation, überschätzt wird. Andere Faktoren hingegen bestimmen den Erfolg von Schule in viel höherem Maße, so z. B. die Motivation, das Engagement und der Enthusiasmus von Lehrerinnen und Lehrern.[1]

Hattie spricht auch vom letztendlichen Ziel, Schüler ihre eigenen Lehrer werden zu lassen. Auf dem Weg dorthin sollen sie selbstregulierte Lerner werden. Dazu gehören: sich selbst Ziele setzen, aktiv sein, um die Ziele umzusetzen, die Aktivitäten überwachen und schließlich die eingesetzten Strategien anpassen.

Sie als Lehrer können diese Fähigkeit fördern. Dazu haben Sie zwei Möglichkeiten: Sie können selbst ein Vorbild sein und demonstrieren, wie Sie selbstreguliert vorgehen, oder Sie gewinnen Ihre Schüler durch Engagement und Begeisterung für das selbstregulierte Lernen. Beide Wege schließen einander nicht aus, sondern ergänzen sich.

---

1 Bitte haben Sie Verständnis dafür, dass wir für Schülerinnen und Schüler sowie für Lehrerinnen und Lehrer lediglich die männliche Form benutzen werden. Hiermit sind aber natürlich Schülerinnen und Schüler sowie Lehrerinnen und Lehrer gleichermaßen angesprochen.

Das hier vorgestellte Konzept basiert auf einem mehrphasigen Projekt zur Förderung des selbstregulierten Lernens in der Schule für Erwachsene im Haus des lebenslangen Lernens (HLL) in Dreieich.

In Phase I des Projektes wurde ein Trainingsprogramm zur Förderung des selbstregulierten Lernens für die Sekundarstufe II entwickelt. Basierend auf dem vielfach bewährten Prozessmodell des selbstregulierten Lernens (Schmitz & Wiese, 2006) wurde dieses Training mit dem Ziel konzipiert, die umfassende Förderung der Selbstregulationskompetenz zu ermöglichen. Durchgeführt und evaluiert wurde es in dieser Phase von Frau Dipl.-Psych. Sylvana Keller und Frau Dipl.-Psych. Sabine Ogrin in einer Klasse von Hrn. Ruppert.

In Phase II des Projektes hat Herr Ruppert dieses Training anhand des Manuals selbst in einer neuen Schulklasse durchgeführt. Einblick in die Ergebnisse erhalten Sie in Kapitel 2.

Was Sie nun in den Händen halten, ist die Überarbeitung des Trainingsmanuals unter Einbezug aller Verbesserungsvorschläge nach zweifacher Erprobung und Evaluierung des Trainingsprogramms.

Darmstadt, Dezember 2012
Bernhard Schmitz

HESSEN

Gefördert aus Mitteln des
Landes Hessen im Rahmen
von HESSENCAMPUS
2010–2012

Zum Aufbau dieses Buches

Das vorliegende Buch ist in fünf Kapitel unterteilt. Während das erste Kapitel Ihnen eine theoretische Einführung in das selbstregulierte Lernen gibt, behandeln das zweite, dritte und vierte Kapitel das Trainingsprogramm und alles, was Sie zu dessen Umsetzung wissen müssen. Das fünfte Kapitel befasst sich mit der Einbindung der Trainingsinhalte in den regulären Fachunterricht. Genauer:

Kapitel 1 gibt eine kurze theoretische Einführung in das selbstregulierte Lernen und bisher bekannte Fördermaßnahmen. Das Kapitel schließt mit praxisnahen Hinweisen zur Umsetzung des Trainingsprogramms an Sie als Lehrkraft.

Kapitel 2 beschreibt in Kürze die gemachten Erfahrungen während der beiden Projektphasen im HLL in Dreieich sowie die bisherigen Erfolge des Trainingsprogramms. An dieser Stelle geben wir Ihnen auch allgemeine methodische Hinweise, deren Beachtung das Gelingen des Trainingsprogramms maßgeblich beeinflusst.

Kapitel 3 beinhaltet die einzelnen Stundenentwürfe des Trainingsprogramms. Die Beschreibung der Sitzungen umfasst abgekürzt nach Meyer (2005) die Lernziele, die Sachanalyse und eine methodische Analyse mit tabellarischem Stundenverlaufsplan. Jeder Stundenentwurf endet mit einem kurzen Erfahrungsbericht und daraus resultierenden Tipps zur Umsetzung.

Kapitel 4 stellt verschiedene Konzentrations- und Bewegungsübungen vor, die in den Trainingssitzungen einsetzbar sind.

Kapitel 5 enthält Anregungen und Hinweise, wie Sie die Strategien, die Sie Ihren Schülern vermittelt haben, auch nach Beendigung des Trainingsprogramms in den regulären Unterricht transferieren und ihren Einsatz aktiv halten können.

1 Theoretische Einführung

Selbstregulatorischen Kompetenzen kommen im Laufe des Lebens eine immer größere Bedeutung zu. Da sich die Umwelten in kontinuierlicher Veränderung befinden, müssen Individuen fortwährend neue Kompetenzen erwerben (Friedrich & Mandl, 1997; Schreiber, 1998). So sind Schüler beispielsweise immer früher mit der Nutzung komplexer Computerprogramme für die Vor- und Nachbereitung des Unterrichts konfrontiert. Aber auch nach der Schulzeit sind die Bereitschaft und die Fähigkeit, sich immer wieder neues Wissen anzueignen für beruflichen Erfolg und Selbstständigkeit ungemein wichtig (Brunstein & Spörer, 2001). Ganz gleich ob in Ausbildung, Studium, Umschulung oder Weiterbildung – neue Lerngelegenheiten ergeben sich im Lebensverlauf immer wieder und wollen genutzt werden.

Lebenslanges Lernen erfordert Selbstregulation

Die Ergebnisse der PISA-Studien zeigen jedoch, dass deutsche Schüler im internationalen Vergleich Schwierigkeiten haben, sich den Lernstoff selbstreguliert anzueignen. Für die Einübung und Verinnerlichung des Lernstoffes spielt gerade die Hausaufgabenbearbeitung eine entscheidende Rolle (Trautwein & Köller, 2003) und stellt gleichzeitig besonders große Herausforderungen an die Selbstregulationskompetenzen der Lerner (Baumert et al., 2003). Es ist keine neue Erkenntnis, dass jegliche selbstständige und äußerlich wenig strukturierte Arbeit zwar angenehme Freiräume gewährt, aber auch ein hohes Maß an Willen, Durchhaltevermögen und eigener Strukturierung erfordert. So müssen Schüler, die zu Hause lernen oder ihre Hausaufgaben bearbeiten, selbstständig den Anfangszeitpunkt finden, sie müssen sich überlegen, wie sie vorgehen wollen und können, müssen mit Schwierigkeiten während der Tätigkeit zurechtkommen und bis zur Fertigstellung ihrer Aufgabe konzentriert bleiben. Zwar kann die individuell benötigte Lernzeit beim Lernen zu Hause anders als in der Schule auch aufgewendet werden (Carroll, 1963), dennoch muss der Schüler in der Lage sein, diesen Freiraum durch selbstreguliertes Lernen optimal zu nutzen.

Selbstregulation
hat Einfluss auf
die Leistung
Selbstregulation dient nicht nur dazu die eigene Lernhandlung angenehmer zu gestalten. Im Idealfall verbessern sich durch die Anwendung von Selbstregulationsstrategien auch die Leistungen. So konnten Metaanalysen unter Einbezug der Ergebnisse zahlreicher Einzelstudien zu den Zusammenhängen selbstregulierten Lernens mit Leistung eine Verbindung nachweisen. Es zeigte sich auch, dass besonders Aspekte wie das Setzen von Zielen und die Reflexion des Lernprozesses, sowie die Selbstwirksamkeitserwartung großen Einfluss auf gute Leistungen haben (Richardson, Abraham & Bond, 2012). Diese Trias hängt besonders stark zusammen, denn nur eine realistische Zielsetzung und das anschließende Nachdenken über den Prozess ermöglichen im Fall von Erfolg wie auch Misserfolg das Empfinden von Kontrolle über den eigenen Lernerfolg. Erfolgserlebnisse stärken die Selbstwirksamkeit, indem sie aufzeigen, dass man Aufgaben bewältigen kann und man dadurch lernt, sich realistische Ziele zu setzen. Bei Misserfolgen hilft die Reflexion herauszufinden, was man das nächste Mal anders machen kann und stärkt so das Gefühl, Einfluss auf die eigene Leistung nehmen zu können.

Um die Effektivität dieser Lernhandlungen zu vergrößern und somit das Optimum der möglichen Leistung zu erreichen, muss die Regulation dieser außerschulischen Lernhandlungen bereits in der Schule möglichst früh erlernt und gefördert werden (Landmann & Schmitz, 2007). Jedoch verwenden Lehrer nur ca. 9 % ihrer Kommunikation im Unterricht auf die Diskussion von Lernstrategien jeglicher Art (Hamman, Berthelot, Saia & Crowley, 2000). Themen wie Zielsetzung, die Planung einer Handlung und Möglichkeiten der Selbstmotivation haben daher im regulären Schulunterricht zu wenig Raum, um bei den Schülern anzukommen.

Um dies zum Positiven zu verändern, wurden zahlreiche Trainings zur Förderung von Lernstrategien in und außerhalb des Unterrichts entwickelt (z. B. Klippert, 1994; Artelt, 2000; Götz, 2006; Ziegler & Stöger, 2009). Das vorliegende Trainingsmanual zeichnet sich im Vergleich mit anderen Trainings durch seine fundierte theoretische Grundlage aus. So baut das Programm auf dem Prozessmodell des selbstregulierten Lernens (s. Kapitel 1.2) auf, welches wiederum durch Forschungsarbeiten zu einzelnen Elementen der Selbstregulation wie Zielsetzung, Planung und Selbst-Monitoring in zahlreichen Studien belegt worden ist. Eine weitere Besonderheit ist die zweifache Evaluation der Wirksamkeit des Trainingsprogramms (s. Kapitel 2).

1.1 Wie unterscheidet sich selbstreguliertes Lernen von anderen Methodentrainings?

Selbstreguliertes Lernen unterscheidet sich von anderen Methodentrainings, indem es dem Lerner dabei hilft, den gewährten Freiraum optimal nutzen zu können, den Einsatz von Lernstrategien in einen größeren Handlungskontext einordnet und über das Prozessmodell des selbstregulierten Lernens Lernenden aller Altersstufen vermittelbar ist.

Die Förderung selbstregulierten Lernens gibt dem Lerner nicht nur den Freiraum, Aufgaben selbstständig zu bearbeiten, sondern ein allgemeingültiges Gerüst für die Herangehensweise an jegliche Aufgaben. Als Beispiel sei das Backen eines Kuchens für die Geburtstagsfeier eines Freundes genannt: Zunächst muss entschieden werden, welcher Kuchen es sein soll – dies markiert die Festlegung des Zieles. Dann geht es darum zu planen, wie dieses Ziel zu erreichen ist, das heißt welche Zutaten müssen eingekauft werden, welche Backutensilien müssen bereit stehen. Anschließend gilt es, sich bei der Ausführung zu beobachten und sich dabei zu fragen, ob man mit den ausgeführten Handlungen das Ziel erreichen kann, das heißt ob man alles nach Rezept macht, ob die Konsistenz des Teiges stimmt etc. Nach der Handlung ist es sinnvoll, die Herangehensweise noch einmal zu hinterfragen und gegebenenfalls Vorsätze für die nächste Handlung zu bilden (z. B. Zutaten hinzufügen, Backtemperatur und -dauer verändern). Diese Herangehensweise ist so universell, dass sie häufig nicht explizit benannt wird und deshalb auch nicht ohne Weiteres auf die Lernhandlung übertragen werden kann. So folgt jede Handlung, sei es nun das Kuchenbacken oder das Lernen, unbewusst oder bewusst dieser Abfolge von Schritten. Durch die Systematisierung bekannter Schritte aus dem Lebensalltag und den Transfer dieser Schritte auf Lernhandlungen können ebendiese erheblich effizienter gestaltet werden. Selbstreguliertes Lernen hilft dem Lerner somit seinen Freiraum optimal zu nutzen.

> Selbstreguliertes Lernen hilft, Freiräume optimal zu nutzen

Die Förderung selbstregulierten Lernens zielt auf weit mehr als die Vermittlung kognitiver Lernstrategien ab. Kognitive Lernstrategien betreffen das inhaltliche Bearbeiten des Lernstoffs, um diesen optimal zu verstehen und die Aufgabe zu lösen, z. B. die 5-Schritt-Lesemethode. Kognitive Lernstrategien sind für das Lernen durchaus notwendig, aber je nach Unterrichtsfach und -stoff unterschiedlich effektiv für die Lerner. So wird den Schülern die 5-Schritt-Lesemethode im Mathematikunterricht zwar das Lesen und Verstehen der Textaufgaben erleichtern, für die Lösung der Aufgabe benötigen sie aber andere Strategien. Daher

> Selbstreguliertes Lernen ordnet Lernstrategien in einen größeren Handlungskontext ein

können sowohl Sie als Lehrer ausgewählter Unterrichtsfächer als auch Ihre Schüler nicht alle gleichermaßen von der Vermittlung einiger weniger kognitiver Lernstrategien profitieren.

Darüber hinaus sind Lernstrategien im Kontext des selbstregulierten Lernens nur ein Teil des Lernprozesses. Sie spielen zu einem vergleichsweise späten Zeitpunkt eine wichtige Rolle. Damit es überhaupt erst zu diesem Zeitpunkt kommt, an dem Schüler ihr Wissen über kognitive Lernstrategien effektiv anwenden können, sind vorausgehende metakognitive Schritte notwendig. Metakognitive Lernstrategien sind solche, die die Organisation der Lernhandlung betreffen, z. B. das Planen des Vorgehens beim Lernen, das Beobachten des eigenen Vorgehens während des Lernens und die Reflexion über Gutes und Schlechtes nach dem Lernen. Das selbstregulierte Lernen umfasst genau diese notwendigen vorherigen, zeitgleichen und nachfolgenden metakognitiven Schritte, also die gesamte Lernhandlung. Weiterhin gibt es Strategien, die der Steigerung der eigenen Motivation für die Lernhandlung dienen, die motivationalen Lernstrategien. Hilfreiche Strategien, um sich selbst zu motivieren, sind z. B. das Überlegen einer Belohnung für das Lernen, die Vorstellung des guten Gefühls nach der Aufgabenerledigung oder das Erinnern vergangener Erfolge. Auch die Anwendung dieser Strategien gehört zu erfolgreichem selbstregulierten Lernen. Damit bettet selbstreguliertes Lernen kognitive Lernstrategien in einen größeren Handlungskontext ein, indem es diese gemeinsam mit metakognitiven und motivationalen Lernstrategien berücksichtigt.

Selbstreguliertes Lernen bündelt pädagogisches Wissen

Die Förderung des selbstregulierten Lernens anhand des Prozessmodells des selbstregulierten Lernens (Schmitz & Wiese, 2006) bündelt Ihr pädagogisches Wissen und macht den Lernprozess für Ihre Schüler steuerbar. Das Modell enthält viele unterschiedliche Faktoren, die sich auf das Lernen auswirken (z. B. Zielsetzung, Planung und Reflexion). Diese Aspekte wurden und werden noch immer in der Pädagogischen Psychologie in verschiedenen Kontexten erforscht. Die einen oder anderen Faktoren werden Sie sicherlich selbst auch schon kennen. Wozu also ein solches Modell? Das Modell ermöglicht es, die für die Lernhandlung wichtigen Faktoren in einem Wirkzusammenhang darzustellen. So können Sie Ihren Schülern mithilfe des Modells wichtige Aspekte vor, während und nach dem Lernen verdeutlichen. Da es sich um ein Prozessmodell handelt, können Sie daran auch den Einfluss des heutigen Lernens auf das morgige verdeutlichen. Somit kann Ihr Wissen über lernförderliche Faktoren und deren langfristige Auswirkungen in einen systematischen Zusammenhang gebracht und Ihren Schülern eingehend vermittelt werden.

Sie halten mit diesem Trainingsmanual ein Instrument in den Händen, mit dem Sie Ihre Schüler der Sekundarstufe II dazu befähigen können, gewährte Freiräume zu nutzen, kognitive, metakognitive sowie motivationale Lernstrategien anzuwenden und den Zusammenhang zwischen relevanten Aspekten des selbstregulierten Lernens zu verstehen.

1.2 Was ist selbstreguliertes Lernen genau?

Beim selbstregulierten Lernen geht es um die systematische Herangehensweise an eine Lernhandlung durch metakognitive, motivationale und kognitive Lernstrategien. Durch dieses Vorgehen sollen das inhaltliche Verständnis, die Effektivität zukünftiger Lernhandlungen, die wahrgenommene Effektivität des eigenen Handelns

> Im Mittelpunkt steht das systematische Herangehen an eine Lernhandlung

sowie die wahrgenommene Kontrolle über den Lernprozess vergrößert werden (Zimmerman, Bonner & Kovach, 1996). Die Lernhandlung wird hierbei als wiederkehrender Zyklus verstanden, der in drei Phasen unterteilt ist. In den Phasen vor, während und nach dem Lernen nehmen verschiedene persönliche Fertigkeiten und Handlungen Einfluss auf das Lernergebnis.

Ganz gleich ob wir lernen, Hausaufgaben machen oder den Abwasch erledigen müssen: Es ist nicht immer einfach, den Anfang zu finden. Vor dem Lernen geht es daher vor allem darum, sich ein konkretes Ziel zu setzen, das Vorgehen zu planen und sich für die

> Vor dem Lernen zählen Ziele, Pläne und die Motivation

Handlung zu motivieren. Ziele, die sich Schüler vor dem Lernen setzen, können hierbei weit entfernt, aber auch sehr nah sein, z. B. eine bessere Note im Endjahreszeugnis in Mathematik zu erreichen oder die Mathematikhausaufgaben richtig zu bearbeiten. Anschließend geht es um die genaue Planung der kognitiven, zeitlichen und materiellen Ressourcen, die zur Zielerreichung eingesetzt werden müssen. Will ein Schüler beispielsweise eine bessere Endjahresnote erreichen, kann er die gewissenhafte Hausaufgabenerledigung planen, sich vornehmen regelmäßiges Feedback von der Lehrkraft einzuholen, mit Freunden zu lernen und gegebenenfalls Nachhilfe zu nehmen. Ist das Ziel hingegen die korrekte Hausaufgabenbearbeitung, geht es eher um die Planung der notwendigen kognitiven Lernstrategien sowie der benötigten Hilfsmittel (z. B. Mathematikbuch, Taschenrechner). In Abhängigkeit von der Aufgabe und der Situation entwickelt der Lerner in der Phase vor dem Lernen eine höher oder geringer ausgeprägte Motivation, die Aufgabe zu erledigen. Ist die Motivation nicht in ausreichendem Maße vorhanden, überlegt der selbstregulierte Lerner, wie er sich selbst motivieren kann und nimmt sich z. B. vor, sich nach erfolgreicher Aufgabenerledigung selbst zu belohnen (mit einem Stück Kuchen, einem Nachmittag mit Freunden etc.). Einen besonders großen Einfluss haben in dieser Phase neben der eigentlichen Aufgabe auch die Einstellung zum Schulfach sowie die Selbstwirksamkeitserwartung des Lerners, das heißt inwieweit er den Erfolg seiner Handlung erwartet. Ist z. B. die Einstellung zum Unterrichtsfach Mathematik gut und die Erwartung alles mit den aktuellen Fähigkeiten lösen zu können hoch, wird der Beginn der Hausaufgaben dem Schüler nicht schwerfallen. Ist die Einstellung jedoch schlecht und das Vertrauen in die eigenen Fähigkeiten gering, sollte besonderer Wert auf eine konkrete Zielsetzung, Planung und die Anwendung von Selbstmotivationsstrategien gelegt werden.

Während des Lernens geht es um die Überwachung und Regulation des Prozesses

Jeder Mensch weiß, dass das Dranbleiben während der Erledigung einer Aufgabe oft eine ziemliche Herausforderung ist. Nicht selten schweift man ab, unterbricht die Tätigkeit oder bricht sie gar ab, bevor sie abgeschlossen ist. Diese Problematik ist nicht nur Schülern bekannt! Worum es während des Lernens vor allem geht, ist die Überwachung der eigenen Handlungen. Dieser Überwachungsprozess wird auch Selbst-Monitoring genannt. Dabei geht es um eine erhöhte Aufmerksamkeit für z. B. die Effektivität der eingesetzten kognitiven Lernstrategie oder der eigenen Konzentrationsfähigkeit. Wird beispielsweise die aktuelle Strategie durch Selbst-Monitoring als nicht zielführend erkannt, hat der Lerner die Gelegenheit eine andere, erfolgversprechendere Strategie zu wählen, um das Lernziel zu erreichen. So kann sich ein Schüler, der bei der Bearbeitung einer Mathematikaufgabe feststellt, dass er beim Rechnen nicht weiterkommt, entschließen, die wichtigsten Angaben im Aufgabentext zu unterstreichen, die Aufgabe noch einmal aufmerksam zu lesen, jemanden um Hilfe zu bitten oder Ähnliches. Auch das Lernziel kann sich in Folge der Überwachung verändern. Bei den Mathematikhausaufgaben kann ein Schüler das Ziel, möglichst schnell fertig zu werden dahin ändern, die Aufgaben richtig zu lösen, wenn er merkt, dass ihm die Aufgaben mehr Schwierigkeiten bereiten als erwartet.

Nach dem Lernen werden aufgrund der Reflexion neue Vorsätze gefasst

Üblicherweise werden Lernprozesse schon nach der zweiten Phase beendet. Eine Aufgabe ist fertig gerechnet, die Erörterung ist endlich geschrieben – endlich kann man sich wieder angenehmeren Dingen widmen! Die Phase nach dem Lernen wird so oft unterschlagen, obwohl sie eine enorme Bedeutung für folgende Lernvorhaben hat.

Nach dem Lernen geht es darum, das vorher gesetzte Ziel mit dem tatsächlichen Lernergebnis zu vergleichen, das heißt zu prüfen, ob die gewünschte Endjahresnote erreicht wurde oder ob die Mathematikhausaufgaben richtig gelöst wurden. Eine große Rolle spielen hier der Umgang mit Fehlern sowie die Zuschreibung von Ursachen bei guten und schlechten Lernergebnissen. Beides dient dazu, den Handlungsspielraum des Schülers zu vergrößern. Erkennt man seine Fehler, kann man sie das nächste Mal vermeiden. Sieht man als Ursache für z. B. einen Misserfolg die mangelnde persönliche Anstrengung, kann man sich das nächste Mal mehr Mühe geben. So gehört es beim selbstregulierten Lernen auch dazu herauszufinden, wie aufgrund der aktuellen Erfahrung die folgenden Lernhandlungen optimiert werden können. Schlüsse, die der Lerner aus den Ergebnissen eines Lernzyklus zieht, sind von Bedeutung für nachfolgende Lernzyklen. So kann ein Schüler sein Ziel für das nächste Mal realistisch anpassen, indem er z. B. eine höhere oder niedrigere Endjahresnote anstrebt. Er kann sich aber auch vornehmen, bei der nächsten Hausaufgabenbearbeitung einen Freund zurate zu ziehen, wenn er nicht mehr weiterkommt.

In der nachfolgenden Grafik sind die Lernphasen mit den beeinflussenden Faktoren als Zyklus dargestellt:

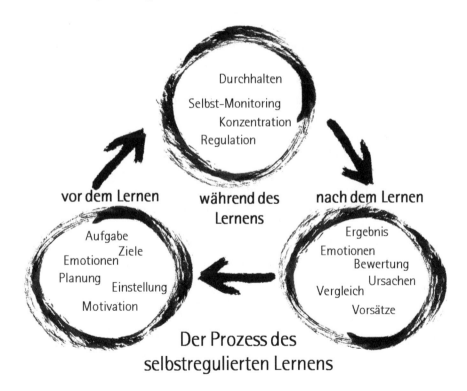

Abbildung 1: Prozessmodell des selbstregulierten Lernens nach Schmitz & Wiese (2006)

1.3 Wie lässt sich selbstreguliertes Lernen fördern?

Selbstregulation kann durch Trainings gefördert werden

Verschiedene Trainingsstudien haben gezeigt, dass die Selbstregulation beim außerschulischen Lernen durch gezielte Fördermaßnahmen im Unterricht tatsächlich verbessert werden kann. Da die Konzeption solcher Trainings meist im Rahmen von Forschungsvorhaben erfolgt, kommt es auch besonders häufig vor, dass externe Trainer (meist wissenschaftliche Mitarbeiter) an die Schule in die Klassen kommen und die Trainingsmaßnahme über mehrere Wochen durchführen (z. B. Perels, Gürtler & Schmitz, 2005; Glaser, 2005). Zwei Studien dieser Art möchten wir Ihnen hier kurz vorstellen.

Die Kombination metakognitiver, motivationaler und kognitiver Förderung ist besonders erfolgreich

In einer Studie von Perels, Gürtler und Schmitz (2005) wurde in einer achten Jahrgangsstufe des Gymnasiums das selbstregulierte Lernen kombiniert mit Fachinhalten im schulischen Kontext gefördert. 249 Schüler erhielten hier sechs wöchentliche 90-minütige Trainingseinheiten außerhalb der gewohnten Unterrichtszeit. Es gab vier Gruppen, deren jeweilige Trainingsmaßnahme sich inhaltlich unterschied: Eine Gruppe, die isoliert metakognitive und motivationale Selbstregulationsstrategien kennenlernte und einübte, eine Gruppe, die isoliert kognitive Lernstrategien (zum mathematischen Problemlösen) kennenlernte und einübte, eine weitere Gruppe, die kombiniert in metakognitiven, motivationalen und kognitiven Lernstrategien trainiert wurde und eine Vergleichsgruppe, die kein Training erhielt. Während sich die Anwendung kognitiver Lernstrategien in der isolierten und kombinierten Trainingsgruppe verbesserte, zeigte sich, dass die Gruppe mit dem kombinierten Training den größten Zuwachs an metakognitiver und motivationaler Selbstregulationskompetenz verzeichnen konnte. Dies spricht für größere Erfolge durch kombinierte Förderung metakognitiver, motivationaler und kognitiver Lernstrategien.

Selbstregulationsförderung ist schon in der Grundschule wirksam

Glaser (2005) entwickelte für den Grundschulbereich das Selbstregulatorische Aufsatztraining, welches die Vermittlung von kognitiven Schreibstrategien und metakognitiven Lernstrategien (Zielsetzung, strategisches Planen, Selbstbewertung und Selbstkorrektur) integriert. An 154 Schülern der vierten Klasse der Grundschule wurde untersucht, ob sich das Training im Vergleich zu konventionellem Unterricht positiv auswirkt. Es zeigte sich, dass bereits in der Grundschule die Kombination aus kognitiven und metakognitiven Inhalten starke Effekte auf die Schreibleistung erzielt. Zu ähnlichen Ergebnissen gelangt auch Otto (2007), die metakognitive, motivationale und kognitive Lernstrategien im Mathematikunterricht der vierten Klasse schulte.

Diese Art von Trainings hat sich mittlerweile auch in zusammenfassenden Studien (Metaanalysen) als wirksam erwiesen. So erkennen Dignath und Büttner (2008) in ihrer Studie zur Wirksamkeit von Förderprogrammen zum selbstregulierten Lernen drei zentrale Sachverhalte:

1. Die Förderung von metakognitiven Strategien ist in der Sekundarstufe effektiver als in der Primarstufe. Erst die beginnende Strategiereife ermöglicht die (metakognitive) Relfexion des Einsatzes kognitiver Strategien.
2. Je länger eine Intervention dauert, desto effektiver sind Förderprogramme, weil den Teilnehmern dadurch mehr Zeit zum Einüben der kognitiven, metakognitiven und motivationalen Strategien gewährt wird.
3. Trainingsprogramme, die von externen Trainern durchgeführt werden, erweisen sich als effektiver als solche, die Lehrkräfte selbst in ihren Klassen durchführen. Die Gründe hierfür sind nicht genau benennbar. Als große Hindernisse werden jedoch das fehlende Wissen zur Selbstregulation und mangelnde Möglichkeiten der Vorbereitung von Unterrichtsstunden zur Strategievermittlung gesehen (Kline, Deshler, & Schumaker, 1992).

Langfristig gilt es, diesen letzten Sachverhalt zu ändern und Lehrer zu befähigen, genauso gute Ergebnisse bei der Förderung des selbstregulierten Lernens zu erzielen wie externe Trainer (De Corte, Verschaffel, Op't Eynde, 2000). Auch hierzu gibt es einige wenige Studien, die besonders auf den Transfer der an die Lehrkräfte vermittelten Inhalte in den Unterricht fokussieren. Zwei dieser Studien möchten wir Ihnen an dieser Stelle gern genauer vorstellen.

In einer sechsten Jahrgangsstufe wurden metakognitive und motivationale Selbstregulationsstrategien gemeinsam mit kognitiven Lernstrategien im schulischen Kontext gefördert (Perels, Dignath & Schmitz, 2009). 53 Schüler der sechsten Klasse und eine Lehrerin nahmen teil. Die Förderung erstreckte sich über neun Mathematikstunden innerhalb von drei Wochen. In einer Klasse vermittelte die Lehrerin im Mathematikunterricht kognitive Lernstrategien (mathematisches Problemlösen), in einer anderen vermittelte die gleiche Lehrerin im Mathematikunterricht neben den kognitiven Lernstrategien auch metakognitive und motivationale Strategien. Es zeigte sich, dass die kombinierte Vermittlung von kognitiven, motivationalen und metakognitiven Lernstrategien durch die Lehrkraft im regulären Mathematikunterricht positive Effekte auf die Anwendung der Strategien hatte.

> Förderung der Selbstregulation ist auch durch Lehrkräfte möglich

In der 2011 in Baden-Württemberg großflächig durchgeführten Studie *Lernen mit Plan* wurde 47 Hauptschullehrkräften ein Trainingsprogramm zur Förderung metakognitiver, motivationaler und kognitiver Lernstrategien (mathematisches Modellieren) vermittelt, welches sie anschließend in ihren fünften Klassen im Mathematikunterricht über einen Zeitraum von sechs Wochen durchführten (Werth, Wagner, Ogrin, Trautwein, Friedrich, Keller, Ihringer & Schmitz, 2012). Erste Ergebnisse zeigen, dass Lehrer und Schüler eine verstärkte Förderung des selbstregulierten Lernens wahrnahmen. Besonderheiten dieser Studie waren ein detailliertes Trainingsmanual mit fertigen Stundenentwürfen, eine umfangreiche Einführung in das selbstregulierte Lernen sowie die Arbeit mit dem Manual in einer viertägigen Fortbildung.

Die Ergebnisse dieser exemplarischen Studien sprechen dafür, dass es möglich ist, Förderprogramme zu selbstregulatorischen Inhalten erfolgreich von der Lehrkraft durchführen zu lassen. Bei der Erstellung dieses Manuals haben wir die Erkenntnisse dieser und anderer Studien einfließen lassen. Was wir Ihnen nun mit diesem Manual anbieten, sind Stundenentwürfe, die nach dem Prozessmodell des selbstregulierten Lernens zu einem Trainingsprogramm zur Förderung der metakognitiven, kognitiven und motivationalen Lernstrategien Ihrer Schüler angeordnet sind. Da das Training für eine relativ breite Zielgruppe von Schülern der Sekundarstufe II gedacht ist, können wir keine fachlichen Bezüge in den Sitzungen herstellen. Hinweise und Vorschläge, wie Sie die vorgestellten selbstregulatorischen Strategien auf Fachinhalte anwenden, erhalten Sie in Kapitel 5.

1.4 Mal unter uns Lehrern: Hinweise zum Trainingsprogramm von einer Lehrkraft

Als Lehrkraft Selbstregulation vermitteln – Geht das? Um es gleich vorwegzunehmen: Es geht! Ein paar Dinge gibt es jedoch, die die erfolgreiche Arbeit mit einem Trainingsprogramm erleichtern.

Mit einem Trainingsprogramm ist es wie mit jeder Unterrichtseinheit: Als Lehrkraft sollte man mit den Unterrichtsinhalten und deren wissenschaftlichem Hintergrund gut vertraut sein. Im Fachunterricht ist das in der Regel kein Problem, weil die Zusammenhänge noch aus dem Studium präsent sind oder neue Zusammenhänge sich leicht einordnen lassen. Beim Thema *Selbstregulation* ist das in der Regel nicht so, da es auch im Rahmen des pädagogisch-psychologischen Begleitstudiums an den allermeisten Universitäten nicht angeboten wurde. Hier hilft also nur gründliche Einarbeitung in die Theorie! Der damit unweigerlich verbundene Aufwand mag auf den ersten Blick abschreckend wirken, aber die Erfahrung zeigt: es lohnt sich! Es steigert die Sachkompetenz, erhöht die Selbstsicherheit und Selbstwirksamkeit während der Durchführung des Trainings.

Fertige Unterrichtseinheiten werden in der Regel gar nicht zu 100 % übernommen und genau so durchgeführt, sondern jede Lehrkraft sucht sich die Elemente und Bausteine heraus, die gut in die eigene Unterrichtskonzeption passen. Dies ist bei dem vorliegenden Trainingsprogramm nicht notwendig. Es beruht auf dem wissenschaftlich fundierten Prozessmodell des selbstregulierten Lernens und wurde mehrfach erprobt und optimiert. Die einzelnen Trainingsbausteine und Sequenzen bilden inhaltlich und didaktisch eine Einheit und es wäre für den Trainingserfolg nachteilig, wenn einzelne Elemente oder ganze Trainingssequenzen verändert oder ausgelassen würden. Auch wenn das zu Beginn für Sie ein anderes Herangehen an die Unterrichtsplanung erfordert, sollten Sie das gesamte Training so nah wie möglich am vorliegenden Manual ausrichten.

Was unterscheidet das Training von normalem Unterricht? Sind da nicht ganz andere Kompetenzen von der Lehrkraft gefordert? Die Erfahrung zeigt: Nein. Die Trainingssitzungen sind wie Unterrichtsstunden strukturiert: Eröffnung, Erarbeitung und Ergebnissicherung. Es gibt kurze Phasen mit Lehrervortrag, Einzelarbeit, Gruppenarbeit, mit Arbeitsaufträgen, die auch schriftlich bearbeitet werden müssen – alles nichts Neues.

Wenden Sie das Prozessmodell der Selbstregulation auf den eigenen Arbeits- und Lernprozess während der Vorbereitung, Durchführung und Evaluation des Trainings an. Sie haben die Möglichkeit, sich selbst in einen Lernprozess zu begeben, der die Chance bietet, die Selbstregulationselemente in den einzelnen Phasen an sich selbst auszuprobieren und dadurch Erfahrungen zu sammeln, die nicht nur für das Training der Selbstregulation, sondern auch für die Weiterentwicklung der gesamten Unterrichtstätigkeit von Nutzen sein können.

2 Erfahrungen mit dem Trainingsprogramm

In diesem Kapitel möchten wir Ihnen einen Überblick über die bisherigen Durch-
führungsphasen und die Erfolge des Trainingsprogramms zum selbstregulierten
Lernen geben.

Das Training besteht aus sieben inhaltlich zusammenhängenden Einheiten, die
jeweils für eine Dauer von 90 Minuten konzipiert sind. Vor der ersten inhaltlichen
Einheit sieht das Programm eine *Kick-off*-Sitzung vor, in der die Erwartungen
der Schüler an das Training besprochen werden. Darauf folgend werden in den
verbleibenden sieben Sitzungen die Themen Werte, Zielsetzung, Planung, Motivation, Selbst-Monitoring, Durchhalten und Reflexion behandelt.

2.1 Trainingsdurchführung und Trainingsevaluation

Das Trainingsprogramm wurde zweifach an einer Schulklasse von Erwachse-
nen, die auf dem zweiten Bildungsweg das Abitur nachholen, durchgeführt. In
Phase I wurde eine Trainingssitzung pro Woche durch zwei wissenschaftliche
Mitarbeiterinnen durchgeführt, während in Phase II alle acht Sitzungen innerhalb
von vier Wochen mit maximal zwei Sitzungen pro Woche von der Lehrkraft der
Schulklasse durchgeführt wurden. Um die Erfolge des Trainings evaluieren zu
können, wurden die Teilnehmer in beiden Projektphasen vor und nach dem Trai-
ning gebeten, Fragebögen auszufüllen. Mit den Fragebögen wurde die subjektive
Bewertung des Trainings durch die Teilnehmer, ihr Wissen über selbstreguliertes
Lernen sowie die Anwendung verschiedener Selbstregulationsstrategien erfasst.
An den Fragebogenerhebungen nahmen in beiden Phasen zwei Schulklassen teil:
die Klasse, die das Training erhalten hatte, und eine Vergleichsklasse, die kein
Training erhalten hatte. Durch das Heranziehen der Vergleichsklasse können
die Trainingserfolge besser beurteilt und von zufälligen Entwicklungsprozessen
abgegrenzt werden.

Positive Bewertung
des Trainings durch
die Teilnehmer

Das Training sowie dessen Inhalte wurden in beiden Projektphasen durch die Schüler als gut bewertet. Ebenso zeigten die Trainingsteilnehmer in beiden Phasen ein deutlich höheres Wissen über das Thema des selbstregulierten Lernens als die Vergleichsklasse, die kein Training erhalten hatte. Dies bedeutet, dass die Trainingsteilnehmer sowohl die Inhalte als auch die Umsetzung des Programms positiv bewertet haben. Darüber hinaus wurden die Inhalte verstanden und behalten. Diese beiden Punkte sind wichtig, um die Trainingsinhalte auf das eigene Lernverhalten übertragen zu können.

Gesteigerte Zielset-
zung, Anstrengung
und Selbstwirksam-
keitserwartung

Besonders interessant ist natürlich die Frage nach der tatsächlichen Umsetzung der Trainingsinhalte. Diesbezüglich zeigen sich insbesondere in der ersten Projektphase große Erfolge. Besondere Verbesserungen zeigten sich bzgl. der eigenen Zielsetzung, der aufgewendeten Anstrengung und der Selbstwirksamkeitserwartung. Dies ist besonders erfreulich, da sich die Konstrukte gegenseitig positiv beeinflussen. Durch eine Erhöhung der Anstrengung können Erfolge möglich werden, die die Selbstwirksamkeitserwartung positiv beeinflussen. Eine hohe erwartete Selbstwirksamkeit hat wiederum eine größere Anstrengungsbereitschaft zur Folge, die ihrerseits auch das Erleben neuer Erfolge ermöglicht.

Verbesserte Fähigkeit
zur Selbstmotivation

Darüber hinaus zeigte sich nach dem Training eine erhöhte Anwendung konkreter Selbstmotivationsstrategien. So wurde bedeutsam häufiger als zuvor die Vorstellung des guten Gefühls nach der Erledigung einer Aufgabe als Motivationsstrategie eingesetzt. Der gesteigerte Einsatz dieser Strategie wird durch die erhöhte Selbstwirksamkeitserwartung und Zielsetzung der Teilnehmer begünstigt: Während das Setzen von Zielen überhaupt erst ermöglicht, sich die Aufgabenerledigung vorzustellen, stärkt die Selbstwirksamkeit das Vertrauen, eine Aufgabe bewältigen zu können. Der Stolz, der bei der Aufgabenerledigung empfunden wird, kann sich so wesentlich leichter vorgestellt werden. Auch das Erinnern zurückliegender Erfolge, um sich selbst zu motivieren, nahm deutlich zu. Ebenso denken die Teilnehmer nach dem Training mehr darüber nach, wie sie unter motivational ungünstigen Umständen wieder Freude an einer Tätigkeit entwickeln können.

Erhöhte Reflexion
über die eigenen
Lernprozesse

Weiterhin reflektieren die Trainingsteilnehmer nach dem Training in höherem Maße über ihre Lernprozesse. Dieses Ergebnis kann ebenfalls mit der erhöhten Fähigkeit zur Zielsetzung in Verbindung gebracht werden. Erst durch die Fähigkeit Ziele zu setzen wird eine sinnvolle Reflexion möglich, da ein Abgleich des gewünschten mit dem tatsächlichen Ergebnis erfolgen kann. Umgekehrt wird eine Anpassung des Zieles nach einer Lernhandlung erst durch die Reflexion effektiv, da dem Lernenden während des Reflektierens sowohl die hilfreichen als auch die weniger hilfreichen Handlungen bewusst werden. So können auch kleine Erfolge als solche identifiziert und in Zukunft genutzt werden. Darüber hinaus orientieren sich die Trainingsteilnehmer nach dem Training deutlich häufiger an der individuellen Bezugsnorm. Dies bedeutet, dass nach dem Training häufiger der Vergleich mit den eigenen vorangegangenen Lernergebnissen erfolgt als mit den Ergebnissen von Klassenkameraden. Auch dies erleichtert die Wahrnehmung vergangener eigener Erfolge, was wiederum die Selbstwirksamkeitserwartung fördert und das Erinnern von Erfolgen als Motivationsstrategie erleichtert.

In der zweiten Projektphase zeigen sich bedeutsame Verbesserungen vor allem in der Aufteilung von Aufgaben in kleine Schritte und in einer durch das Training erhöhten Selbstwirksamkeitserwartung. Das heißt, dass nach dem Training vor allem die Strukturierung von Aufgaben besser gelingt. Dies wiederum kann sich förderlich auf die Selbstwirksamkeitserwartung auswirken, da die Aufteilung die Gewissheit stärkt, auch schwierige Aufgaben bewältigen zu können.

Stärkere Strukturierung von Aufgaben

2.2 Allgemeine methodische Hinweise

Aufbauend auf den beschriebenen Ergebnissen und den gemachten Erfahrungen während der Durchführung des Trainingsprogrammes, möchten wir Ihnen einige methodische Hinweise mit auf den Weg geben, durch die Sie die Wirksamkeit des Trainingsprogramms positiv beeinflussen können.

Ein wichtiger Aspekt bei der Umsetzung jedes Trainingsprogramms ist die *Compliance* der Teilnehmer, das heißt ihre Bereitschaft zu kooperativem Verhalten während des Trainings. Hier kann es vor allem helfen, die Eigenverantwortung der Teilnehmer zu stärken. Einer Durchführung des Trainings könnte z. B. eine Diskussion über die Notwendigkeit des Trainings vorangehen. Auch können Sie die potenziellen Teilnehmer darüber abstimmen lassen, ob sie das Programm kennenlernen möchten. In jedem Fall sollten Sie den Teilnehmern zu Beginn und wenn nötig auch im weiteren Verlauf deutlich machen, dass sie selbst dafür verantwortlich sind, sich die passenden Strategien auszusuchen, auszuprobieren und gegebenenfalls an ihre eigenen Bedürfnisse anzupassen. Das Trainingsprogramm soll als Sammlung und Systematisierung von Ideen gelten, aus der sich die Teilnehmer, je nach Notwendigkeit, bedienen können.

Wecken Sie den Willen der Teilnehmer!

Fokussieren Sie! Um einem hohen Ausgangsniveau der Trainingsteilnehmer effektiv zu begegnen, können Sie als Trainer die Teilnehmer dazu einladen, sich durch das Training Dinge bewusst zu machen und gegebenenfalls auch festzustellen, dass sie bereits über viele Kompetenzen verfügen. Sie sollten den Fokus in solch einem Fall besonders auf die kleinen Optimierungsmöglichkeiten legen.

Bereiten Sie die Teilnehmer vor! Es kann hilfreich sein, die Introspektion der Teilnehmer hinsichtlich ihres Lernverhaltens vor dem Beginn des Trainings anzuregen (z. B. über Instruktionen zur Selbstbeobachtung beim Lernen). Dies führt zu einer realistischeren Einschätzung der eigenen selbstregulatorischen Fähigkeiten und erhöht die Sensibilität für die Umsetzung der Trainingsinhalte.

Vermitteln Sie Wissen! Um das Verstehen und Behalten der Selbstregulationsinhalte bei den Teilnehmern zu begünstigen, müssen vor allem methodische Aspekte der Wissensvermittlung stärker beachtet werden. Hierzu zählen z. B. die Sicherung der Lernziele nach jeder Sequenz durch Zusammenfassung und Richtigstellung, die Bekanntgabe der Lernziele vor jeder Übung und die (gegebenenfalls auch nur kurze) Nachbesprechung jeder Übung. Fassen Sie Teilnehmerbeiträge aus Diskussionen oder Nachbesprechungen zusammen oder wiederholen Sie die Aussagen. Dies vermittelt zum einen Wertschätzung und sichert andererseits die Ergebnisse. Erkenntnisse verpuffen, wenn sie nicht noch einmal *auf den Punkt* gebracht werden.

Auch unterstützt die Herstellung von Zusammenhängen zwischen den verschiedenen Themen des Selbstregulationszyklus das Memorieren der Inhalte. Dies kann erfolgen durch Verweise auf stark verknüpfte Themen und Bezugnahme auf bereits vermittelte Inhalte. Auch eine Veranschaulichung der Inhalte durch Beispiele, die dem Alltag der Teilnehmer entstammen, schafft einen größeren Bezug zu den Themen. Dies kann neben dem Erfahrungsaustausch der Teilnehmer auch durch die wiederholte Bezugnahme auf bereits genannte Beispiele erfolgen. Das Training beinhaltet viele Info- und Arbeitsblätter. Es wird nicht immer möglich sein, dass alle Teilnehmer die Infoblätter während der Trainingssitzung lesen. Geben Sie das Lesen der Informationen dann als Hausaufgabe auf. Wissen ist eine notwendige Voraussetzung für den Trainingserfolg.

Schaffen Sie Übungsmöglichkeiten! Geben Sie den Teilnehmern die Möglichkeit, das neue Verhalten einzuüben und Erfahrungen damit zu sammeln. Hierfür kann es sinnvoll sein, den Durchführungszeitraum auszudehnen. Gut geeignet sind hier Zeiträume von ein bis zwei Wochen zwischen zwei Trainingseinheiten, sodass die Einordnung der gelernten Inhalte in der Zwischenzeit erfolgen kann. Dabei gilt zu beachten, dass der Gesamtzusammenhang, das heißt das

Prozessmodell des selbstregulierten Lernens als Verdeutlichung der Lernhandlung mit notwendigen Schritten davor und danach, über diesen Zeitraum sichtbar bleibt. Sollte eine ein- bis zweiwöchentliche Frequenz nicht möglich sein, empfiehlt es sich, in den längeren Zeiträumen zwischen zwei Trainingssitzungen selbstreguliertes Lernen zu ermöglichen und gegebenenfalls explizit dazu aufzufordern. Das kann z. B. über gezielte Hinweise zum Strategieeinsatz im Unterricht und bei den Hausaufgaben, durch Wiederholung relevanter Inhalte vor selbstständigen Arbeitsphasen oder der Klausurvorbereitung sowie durch regelmäßiges Bilanzieren und Reflektieren der Erfolge und Schwierigkeiten der Trainingsteilnehmer mit den ausprobierten Inhalten, erfolgen.

Die Gruppendynamik während eines Trainings sollte Beachtung finden, da es sich dabei meistens um eine Schulklasse handeln wird, deren Schüler sich bereits kennen und über Erfahrungen aus sozialer Interaktion miteinander verfügen. Hier gilt es besonders bei leistungsheterogenen Gruppen als Trainer besonders aufmerksam zu sein, um eine Teilung in zwei Lager zu vermeiden. So war die beobachtete und auch schriftlich erklärte Meinung einzelner Teilnehmer der zweiten Projektphase, dass das Trainingsprogramm eher für schlechte Schüler gedacht sei, die das Lernen erst noch lernen müssten. Diesen Schülern gilt es klarzumachen, dass sie ebenfalls im Kleinen von dem Training profitieren können (z. B. durch eine stärkere Defizitorientierung, die wiederum zur weiteren Optimierung anregt). Bei Themen, deren Umsetzung bereits optimal klappt, können sie dazu angeregt werden, die anderen Teilnehmer von ihren Erfahrungen profitieren zu lassen.

Beobachten Sie die Gruppe!

Weiterhin sind auch Besonderheiten des Verhältnisses von Lehrkräften und Schülern zu beachten. So kann sicherlich nicht jede Lehrkraft dieses Programm in jeder Klasse durchführen. Es erfordert eine solide Vertrauensbasis über die eigenen Werte, Ziele und auch Schwierigkeiten beim Lernen zu sprechen. Sollte dies nicht vorherrschen, kann das Training gegebenenfalls von pädagogisch-beratendem Fachpersonal – sofern verfügbar – durchgeführt werden.

Reflektieren Sie Ihre Rolle!

Bei der Vorbereitung auf das Training ist es hilfreich in zwei Schritten vorzugehen: Einige Wochen vor der geplanten Durchführung sollten Sie sich in einer ersten Vorbereitungsphase in die wissenschaftlichen Grundlagen einarbeiten und sich einen Überblick über die Trainingssitzungen und deren Inhalte verschaffen. Anschließend sollten Sie sich möglichst zeitnah vor der Durchführung der einzelnen Sitzungen im Detail auf diese vorbereiten, indem Sie die Beschreibung durcharbeiten, sich Notizen für das eigene Vorgehen machen und die benötigten Materialen zurechtlegen.

Bereiten Sie sich vor!

Verdeutlichen Sie das große Ganze! Zu Beginn jeder Trainingssitzung sollten Sie das Thema in das Prozessmodell des selbstregulierten Lernens neu einordnen. Das hilft Ihren Schülern, das Lernen als dreiphasigen Prozess zu begreifen und die einzelnen Themen und Strategien der Trainingssitzungen miteinander zu verknüpfen. Dazu ist es hilfreich, die Verortung der Trainingssitzung auf einer vergrößerten Version der grafischen Darstellung des Selbstregulationsmodells vorzunehmen – auf Flipchart-Papier oder einer Folie. Eine weitere Folie bzw. Flipchart-Papier zeigt den Ablauf der Trainingssitzung in Stichworten.

Schauen Sie auf die Uhr! Zu jeder Trainingssitzung gibt es einen geplanten Stundenverlauf, der zeitlich getaktet ist. Damit soll sichergestellt werden, dass tatsächlich auch alle Trainingssequenzen durchgeführt werden. Um die vorgesehenen Zeitvorgaben nicht ständig auf die tatsächlichen Uhrzeiten umrechnen zu müssen, ist es hilfreich, diese Uhrzeiten in den geplanten Stundenverlauf einzutragen, diesen gut sichtbar auf dem Lehrertisch zu platzieren und eine Uhr daneben zu legen. Dieser Vorschlag mag gestandene Lehrkräfte vielleicht amüsieren (»Ich bin doch nicht im Referendariat!«), aber bei einem so ungewohnten Unterrichtsgegenstand versagt die über die langjährige Unterrichtspraxis erworbene Timingkompetenz mit den vertrauten Inhalten. Unser Tipp: Probieren Sie es aus.

Begleiten Sie den Prozess! Entscheidend für die Wirksamkeit des Trainings sind die Reflexionsphasen, in denen die Schüler ihre Selbstregulationsstrategien rekonstruieren, berichten und überdenken. Sie sollten dies unterstützen, indem Sie ihren Schülern aktiv zuhören, sie wertschätzen und ermutigen.

Hören Sie nicht vor dem Ende auf! Die Abschlusssequenz ist für den Lernerfolg so elementar, dass sie auf keinen Fall zugunsten anderer Sequenzen *geopfert* werden sollte. Wenn sich herausstellt, dass eine bestimmte Sequenz länger dauert als geplant, versuchen Sie die Zeit in einer der anderen Sequenzen wieder gutzumachen. Und auch innerhalb der Abschlusssequenz sind alle drei Elemente gleichbedeutend. Vor allem das Blitzlicht ist ein für Ihre eigene Selbstregulation ganz wesentliches Element, denn Sie erhalten ein unmittelbares Feedback zu jeder Trainingssitzung und können so leichter nachsteuern.

3   Das Trainingsprogramm

Das vorliegende Trainingsprogramm zum selbstregulierten Lernen sieht acht 90-minütige Sitzungen vor, in denen jeweils ein wichtiger Bestandteil des selbstregulierten Lernens behandelt wird. Eine Übersicht über die behandelten Themen und die Lernziele der jeweiligen Sitzung sehen Sie in der folgenden Tabelle.

Tabelle 1:

Sitzung	Thema	Lernziele
1	Kick-off	• (realistische) Erwartungen an das Training bilden • Selbstregulationszyklus kennenlernen • Nutzen der Selbstregulation erkennen
2	Werte	• Eigene Werte und Prioritäten vergegenwärtigen • Zusammenhang zwischen Werten und eigenen Zielen erkennen
3	Ziele	• Bedeutsamkeit der Zielsetzung erkennen • Eigene Ziele nach dem SMART-Modell formulieren
4	Planung	• Inhalte und Aspekte der Planung kennenlernen • Eigene Planung verbessern
5	Motivation	• Strategien zur Selbstmotivation und gegen Aufschieben kennenlernen • Strategien in eigenen Plan einarbeiten
6	Selbst-Monitoring	• Effekte des Selbst-Monitoring kennenlernen • Eigenes Lernverhalten beobachten und anpassen lernen
7	Durchhalten	• Strategien zur Aufmerksamkeits- und Emotionsregulation kennenlernen • Geeignete Strategien in eigenen Plan einbauen
8	Reflexion	• Elemente hilfreicher Reflexion kennenlernen • Eigenes Ziel reflektieren

Aufbau des Trainingsmanuals

In den nachfolgenden Kapiteln 3.1 bis 3.8 finden Sie die Stundenbeschreibungen der acht Trainingssitzungen. Die Beschreibung folgt verkürzt Mayer (2005) und gliedert sich wie folgt: Die *Lernziele* beschreiben, mit welchem Wissen die Schüler aus der Sitzung herausgehen sollen. Die *Sachanalyse* gibt Ihnen einen detaillierten Einblick in die theoretische Grundlage der einzelnen Sitzungen. Diese theoretische Grundlage geht weit über das Einführungskapitel hinaus und ist erforderlich für die Sicherstellung der Lernziele durch Sie als Trainer. Anschließend wird in der *Methodischen Analyse* der genaue Stundenverlaufsplan in einzelnen Sequenzen erläutert. Diese Sequenzen haben selbst Lernziele, die es in der Nachbesprechung von Übungen oder in Diskussionen zu erreichen gilt. Die methodische Analyse gibt zahlreiche Hinweise, was zum Erreichen der Lernziele besonders sinnvoll und wichtig ist. Weiterhin ist in der methodischen Analyse erklärt, welche Materialien für die einzelnen Sequenzen notwendig sind. Diese Materialangaben sind entweder Geschichten, die im weiteren Text abgedruckt sind, oder beziehen sich auf einzelne Seiten des Arbeitsheftes.

Die Stundenbeschreibung wird abgerundet durch einen tabellarischen Stundenverlaufsplan, in dem alle Sequenzen, Ziele und Materialien der Sitzung noch einmal zusammenfassend dargestellt sind.

Das Arbeitsheft für Ihre Schüler Mit diesem Buch haben Sie auch das Arbeitsheft für Ihre Schüler in digitaler Form erworben. Sie können sich die Datei unter folgendem Link: www.v-r.de/gelingendes-lernen herunterladen. Im Arbeitsheft finden Sie alle für das Training notwendigen Übungsinstruktionen und Informationstexte für Ihre Schüler. Der Umgang mit den Übungen wird im Buch erläutert. Sie können entweder das ganze Arbeitsheft zu Beginn des Trainings an Ihre Schüler verteilen oder die einzelnen Blätter pro Sitzung einsetzen. Es hat sich als hilfreich herausgestellt, sich beim Durchgehen der Sitzungen vor Trainingsbeginn parallel auch mit dem Arbeitsheft vertraut zu machen.

3.1 Trainingssitzung 1: Kick-off

Vor der ersten inhaltlichen Sitzung geht es im Kick-off vor allem darum, die Teilnehmer auf das Thema des selbstregulierten Lernens einzustimmen und mit ihren Erwartungen an das Training umzugehen. So soll vor allem die Eigenverantwortung bezüglich des Trainings gestärkt werden. Außerdem werden organisatorische Dinge, wie der Ablauf des Trainings und das Lerntagebuch, besprochen.

3.1.1 Lernziele
Die Lernziele der Trainingssitzung sind:
– (realistische) Erwartungen an das Training bilden
– Selbstregulationszyklus kennenlernen
– Nutzen der Selbstregulation erkennen

3.1.2 Sachanalyse

Erwartungen an ein Training beeinflussen die Wirksamkeit eines Trainings maßgeblich. Häufig herrschen überhöhte Erwartungen – es besteht die Hoffnung, dass jemand endlich den *Zaubertrick* verrät,

Es gibt keine Wunderstrategie

mit dessen Hilfe in Zukunft alles (in diesem Fall das selbstregulierte Lernen) wie von selbst und ohne Anstrengung laufen wird. Dass dem nicht so ist und auch nicht sein kann, ist im Grunde klar, dennoch unterliegt jeder immer wieder dieser irrsinnigen Vorstellung von *der Wunderstrategie*. Es ist deshalb wichtig zu Beginn eines Trainings die Erwartungen der Teilnehmer an das Training in Erfahrung zu bringen und ihnen zurückzumelden, welche dieser Erfahrungen erfüllbar sind und welche vielleicht nicht. So können die Teilnehmer ihre Erwartungen korrigieren, was zu einem zufriedeneren Einstieg in das Training führt.

Abgesehen davon, dass übersteigerte oder unerfüllbare Erwartungen korrigiert werden sollten, haben Erwartungen auch eine hilfreiche Funktion beim Erlernen neuer Kompetenzen: Sie leiten

Erwartungen leiten die Aufmerksamkeit

unsere Aufmerksamkeit und geben unseren Gedanken eine Richtung. Somit ist es für jeden Einzelnen wichtig zu wissen, was er sich von einem Training verspricht und was er lernen möchte. Dies wird ihm helfen währenddessen durchzuhalten und die Inhalte zu suchen, die geeignet sind, seine Erwartungen zu erfüllen.

3.1.3 Methodische Analyse

Einstieg: Im Trainingsprogramm wird der Samen gestreut

Lernziele: Eigenverantwortlichkeit anregen, unrealistische Erwartungen korrigieren

Dauer: 15 Minuten

Sozialform: Vortrag

Materialien: Geschichte *Wir verkaufen nur den Samen*

Nachdem Sie die Teilnehmer zur Einführungssitzung in das Training zum selbstregulierten Lernen begrüßt haben, lesen Sie zunächst und ohne lange Vorrede die Geschichte *Wir verkaufen nur den Samen* (Blenk, 2006) vor. Lesen Sie den Titel der Geschichte am besten nicht mit vor, sonst nimmt er die Pointe schon vorweg!

Wir verkaufen nur den Samen

Ein junger Mann betrat im Traum einen Laden. Hinter der Theke stand ein Engel. Hastig fragte er ihn: »Was verkaufen Sie, mein Herr?«

Der Engel antwortete freundlich: »Alles, was Sie wollen.« Der junge Mann begann aufzuzählen: »Dann hätte ich gern das Ende aller Kriege in der Welt, bessere Bedingungen für die Randgruppen in der Gesellschaft, Beseitigung des Elendsviertels in Lateinamerika, Arbeit für die Arbeitslosen, mehr Gemeinschaft und Liebe in der Kirche und … und …«

Da fiel der Engel ihm ins Wort: »Entschuldigen Sie, junger Mann, Sie haben mich falsch verstanden. Wir verkaufen keine Früchte, wir verkaufen nur den Samen.«

Den Teilnehmern wird schnell klar sein, worauf diese Geschichte abzielt. Sammeln Sie Kommentare und Eindrücke der Teilnehmer zu dieser Geschichte. Fragen Sie sie, welchen Bezug der Inhalt der Geschichte zu diesem Training haben könnte. Diskutieren Sie darüber, welche Erwartungen die Teilnehmer an dieses Training mitbringen und ob sie manche davon möglicherweise korrigieren müssen. Räumen Sie die Illusion aus, dass dieses Training ein Allheilmittel sein wird oder aus einem unwilligen Lerner ein nächtelang lernendes Genie wird! Nichts von beidem ist wahr. Wahr ist aber, dass bei Durchhaltevermögen und Ehrgeiz dieses Training das Lernen erleichtern und erfolgreicher machen kann.

> Definition Selbstregulation und Trainingsablauf
> Lernziele: SRL-Modell kennenlernen; erkennen, dass SRL das Lernen effektiver macht
> Dauer: 15 Minuten
> Sozialform: Vortrag, Plenum
> Materialien: S. 1 *Info: Was ist Selbstregulation?*

In dieser Sequenz stellen Sie den Teilnehmern das Prozessmodell des selbstregulierten Lernens nach Schmitz und Wiese (2006) vor. Auf Seite 1 des Arbeitsheftes finden Sie dazu den Infotext und die Abbildung des Modells. Sie können es aber auch als Tafelbild darstellen. Erläutern Sie in Kürze die drei Phasen des Lernens mit ihren einzelnen Komponenten. Besonders wichtig ist es, den Prozesscharakter des Modells zu betonen. So sollen die Teilnehmer einen Überblick über die Inhalte der nächsten Wochen bekommen. Außerdem werden sie durch diese Kurzvorstellung des Modells in die Lage versetzt, Erwartungen zu bilden und gedanklich schon Ideen und Wünsche an das Training zu entwickeln.

> Übung: Brief an sich selbst
> Lernziel: Motivationshilfe gegen *Durchhängen* im Training erstellen
> Dauer: 20 Minuten
> Sozialform: Einzelarbeit
> Materialien: S. 2 *Zu dir: Da ist ein Brief für dich,* Blätter, Briefumschläge

Im Anschluss an diese organisatorischen Programmpunkte lassen Sie die Teilnehmer einen Brief an sich selbst schreiben. Dieser Brief richtet sich an den Teilnehmer selbst – wie in einem Selbstgespräch – und soll am Ende in einen an die Schüler selbst adressierten Briefumschlag gesteckt werden. Die Instruktion für Ihre Schüler finden Sie im Arbeitsheft auf S. 2 unter *Zu dir: Da ist ein Brief für dich.*

Der Brief soll nach dem Schreiben eingesammelt und den Teilnehmern nach der Hälfte des Trainings zugesandt werden, um einem *motivationalen Durchhänger* in der Trainingsmitte entgegenzuwirken. Mit dem Schreiben des Briefes geben die Teilnehmer sich also selbst eine Botschaft in die Zukunft. Diese sollte ermunternd und wohlwollend sein – etwas, das sie in einigen Wochen an ihre positiven Erwartungen, Hoffnungen und Wünsche bezüglich des Trainings erinnern wird. Dabei kann der Brief Antworten auf die folgenden Fragen enthalten:
- Warum freue ich mich auf dieses Training?
- Warum ist es mir wichtig, das Gelernte umzusetzen?
- Wer außer mir selbst würde sich freuen, wenn ich etwas aus dem Training mitnähme?

Darüber hinaus kann er natürlich um alles andere ergänzt werden, was dem Teilnehmer an diesem Tag in Bezug auf das Training wichtig ist. Sie als Trainer können, wenn Sie den Teilnehmern noch etwas mitgeben möchten, auf dem Briefpapier auch einen Hinweis abdrucken (z. B. »Sieh dir jetzt noch einmal alle Trainingsmaterialien an!«).

Wenn die Teilnehmer mit dem Schreiben fertig sind, sammeln Sie die Briefe ein und beenden die Einführungssitzung.

Machen Sie sich eine Notiz, wann Sie den Brief wieder austeilen möchten. Um Durchhänger während des Trainings zu vermeiden und neue Motivation herzustellen, wäre nach der fünften Sitzung zum Thema Motivation ein geeigneter Zeitpunkt.

3.1.4 Geplanter Stundenverlauf

Nachfolgend ist der geplante Stundenverlauf mit den oben beschriebenen Übungen tabellarisch dargestellt. In der Spalte *Dauer* wird ein ungefährer Wert für die Dauer der jeweiligen Sequenz benannt. Bei Zeitknappheit kann dieser auch als Referenz in Relation zu den anderen Sequenzen betrachtet werden. Alle Einheiten sind mit Ausnahme der ersten Sitzung für eine Dauer von 90 Minuten geplant. Eine Pause kann nach Notwendigkeit beliebig zwischen einzelnen Einheiten gesetzt werden, verlängert aber die Gesamtdauer. In der Spalte *Sequenz* wird kurz der Inhalt der jeweiligen Sequenz dargestellt. Die Spalte *Lernziele* verdeutlicht kurz und knapp die Absicht der jeweiligen Sequenz. In der Spalte *Sozialform und Methoden* stehen Empfehlungen zu der einzusetzenden Sozialform und Methode. Weitere Vorschläge zur Gestaltung der jeweiligen Sequenz sind dem Abschnitt zur methodischen Analyse zu entnehmen. In der Spalte *Materialien* wird das für die Sequenzen notwendige Material aufgelistet. Infotexte, Fallbeispiele und Übungen finden Sie unter dem angegebenen Titel auf der ebenfalls angegebenen Seite im Arbeitsheft oder, sofern es sich um eine Geschichte handelt, in der methodischen Analyse der jeweiligen Sequenz.

Trainingssitzung 1: Kick-off – 65 min

Dauer	Inhalt	Lernziele	Sozialform	Materialien
15 Min.	Einstieg: Im Trainingsproramm wird der Samen gestreut	• Eigenverantwortlichkeit anregen • Unrealistische Erwartungen korrigieren	Vortrag	• Geschichte *Wir verkaufen nur den Samen*
15 Min.	Definition Selbstregulation und Trainingsablauf	• SRL-Modell kennenlernen • Erkennen, dass SRL das Lernen effektiver macht	Vortrag, Plenum	• S. 1 *Info: Was ist Selbstregulation?*
20 Min.	Übung: Brief an sich selbst	• Motivationshilfe gegen »Durchhängen« im Training erstellen	Einzelarbeit	• S. 2 *Zu dir: Da ist ein Brief für dich* • Blätter • Briefpapier

3.1.5 Tipps

In der Sequenz *Brief an sich selbst* empfiehlt es sich, den Schülern ausführlich zu begründen, weshalb sie diesen Brief schreiben sollen und welche Funktion er im Rahmen des Trainings hat. Außerdem ist es wichtig, den Schülern glaubhaft zu versichern, dass ihre Briefe nicht gelesen werden. Dafür können Sie die Briefumschläge vor den Augen der Schüler zukleben.

Sprechen Sie auch mit Ihren Schülern darüber, was durch den Erhalt des Briefes nach ein paar Wochen mit ihnen geschieht. Manche Schüler erleben durch das Lesen des Briefes einige Wochen später einen richtigen Motivationsschub und erinnern sich erneut an ihre Ziele und Vorhaben. Eine Schülerin erzählte z. B., dass sie richtig gerührt war, als sie den Brief las, da es ihr vorkam wie eine aufmunternde Botschaft von sich selbst.

3.2 Trainingssitzung 2: Werte

Die erste inhaltliche Trainingssitzung widmet sich dem Thema Werte und somit auch den Prioritäten, die daraus resultieren. Diese sind keine Bestandteile der Selbstregulation im klassischen Sinne, nehmen aber Einfluss auf die Geschehnisse. So beeinflussen Werte und Prioritäten beispielsweise die Art der Zielsetzung, aber auch die Art der Zielverfolgung, den Umgang mit Erfolgen und Misserfolgen usw. Sich der eigenen Werte bewusst zu sein, sorgt dafür, dass Ziele mit höherer Wahrscheinlichkeit auch an diesen anknüpfen, was wiederum zu einer hohen intrinsischen Motivation oder dem Aushalten von Durststrecken bei der Zielverfolgung führen kann. Daher ist dieses Thema der Auftakt in das Training zum selbstregulierten Lernen.

3.2.1 Lernziele

Die Lernziele der Trainingssitzung sind:
- eigene Werte und Prioritäten vergegenwärtigen
- Zusammenhang zwischen Werten und eigenen Zielen erkennen

3.2.2 Sachanalyse

Werthaltungen können als Grundsätze oder Leitprinzipien für die Gestaltung des eigenen Lebens verstanden werden (Schmitt & Altstötter-Gleich, 2010). Es wird davon ausgegangen, dass Werthaltungen die Einstellungen des Einzelnen beeinflussen und somit dem Handeln und der Bildung von Zielen zugrunde liegen. Wenngleich Menschen ihre Lebensführung in der Regel nur auf einer begrenzten Anzahl von Werthaltungen begründen, können in bestimmten Situationen verschiedene Werthaltungen angesprochen werden. So kann es dazu kommen, dass mehrere Werte gleichermaßen Bedeutung haben und die Zielsetzung der Person bestimmen. Es kann durchaus sein, dass daraus entwickelte Ziele nicht miteinander vereinbar sind. Dadurch gerät die Person in ein Entscheidungsdilemma (Standop, 2005). Es ist daher wichtig die zugrunde liegenden Werte, Motive und Interessen zu kennen, um daraus entsprechende Ziele zu bilden. Im Falle einer Nichtvereinbarkeit der Ziele kann dann eine Priorisierung von Zielen vorgenommen werden.

> Werte bestimmen unsere Ziele und Prioritäten

Es hat sich außerdem gezeigt, dass Ziele besser erreicht werden, wenn sie aus der Person selbst heraus kommen (und somit den Werten der Person entsprechen).

3.2.3 Methodische Analyse

Einstieg: Das Prioritätenglas

Lernziele: Erkennen, dass die eigenen Werte die Priorisierung einzelner Tätigkeiten bestimmen

Dauer: 15 Minuten

Sozialform: Vortrag

Materialien: Geschichte *Prioritäten*

Steigen Sie in die erste Trainingsstunde ein, indem Sie die aktuelle Sitzung zu
Werten und Prioritäten in Zusammenhang zur Selbstregulation setzen. Zeigen Sie
anhand des Selbstregulationsmodells, dass Werte und Prioritäten vor der präaktionalen Phase einzuordnen sind, weil sie im Wesentlichen bestimmen, welche Ziele
wir uns setzen und somit ebenfalls großen Einfluss auf unser Verhalten nehmen.
Geben Sie anschließend einen Überblick über den Ablauf der Trainingsstunde
zur Zielsetzung und nennen Sie die Lernziele der heutigen Sitzung.

Um das Interesse der Teilnehmer für das Thema zu wecken, können Sie die
Geschichte *Prioritäten* (Blenk, 2006) nutzen. Lesen Sie den Teilnehmern diese
Geschichte vor (oder spielen Sie sie vor), um in das Themengebiet der Werte
einzusteigen:

Prioritäten

Ein Philosophieprofessor stand vor seinen Studenten und hatte ein paar Dinge vor sich
liegen. Als der Unterricht begann, nahm er ein großes leeres Glas Mayonnaise und
füllte es bis zum Rand mit großen Steinen. Anschließend fragte er seine Studenten,
ob das Glas voll sei. Sie stimmten ihm zu. Der Professor nahm eine Schachtel mit
Kieselsteinen und schüttete sie in das Glas und schüttelte es leicht. Die Kieselsteine
rollten natürlich in die Zwischenräume der größeren Steine. Dann fragte er seine
Studenten erneut, ob das Glas jetzt voll sei. Sie stimmten wieder zu und lachten. Der
Professor seinerseits nahm eine Schachtel mit Sand und schüttete ihn in das Glas.
Natürlich füllte der Sand die letzten Zwischenräume im Glas aus.

»Nun«, sagte der Professor zu seinen Studenten, »ich möchte, dass Sie erkennen,
dass dieses Glas wie ihr Leben ist! Die Steine sind die wichtigen Dinge im Leben: Ihre
Familie, Ihr Partner, Ihre Gesundheit, Ihre Kinder – Dinge, die – wenn alles andere weg-
fiele und nur sie übrig blieben – ihr Leben immer noch erfüllen würden. Die Kieselsteine
sind andere, weniger wichtige Dinge, wie zum Beispiel Ihre Arbeit, Ihre Wohnung, Ihr
Haus oder Ihr Auto. Der Sand symbolisiert die ganz kleinen Dinge im Leben. Wenn
Sie den Sand zuerst in das Glas füllen, bleibt kein Raum für die Kieselsteine oder die
großen Steine. So ist es auch in Ihrem Leben: Wenn Sie all Ihre Energie für die kleinen

Dinge in Ihrem Leben aufwenden, haben Sie für die großen keine Zeit mehr. Achten Sie daher auf die wichtigen Dinge, nehmen Sie sich Zeit für Ihre Kinder oder Ihren Partner, achten Sie auf Ihre Gesundheit. Es wird noch genug Zeit geben für Arbeit, Haushalt, Partys und so weiter. Achten Sie zuerst auf die großen Steine – sie sind es, die wirklich zählen. Der Rest ist nur Sand.«

Nach dem Unterricht nahm einer der Studenten das Glas mit den großen Steinen, den Kieseln und dem Sand – bei dem mittlerweile sogar der Professor zustimmte, dass es voll war – und schüttete ein Glas Wasser hinein. Das Wasser füllte den noch verbliebenen Raum im Glas aus; nun war es wirklich voll …

Die Geschichte veranschaulicht, wie unsere höchsten Werte zu Prioritäten werden sollten. Sie zeigt darüber hinaus, dass wir für diese Prioritäten auch einen Großteil unserer Zeit verwenden sollten und dass das Leben der eigenen Werte somit auch etwas mit unserer Zeiteinteilung zu tun hat. Diskutieren Sie die Geschichte mit den Teilnehmern. Sie können ihnen folgende Fragen stellen: Was zeigt euch diese Geschichte? Wofür könnte das Wasser stehen, das am Ende noch in das Glas geschüttet wird? Worüber denkt ihr nach, wenn ihr das hört? Womit habt ihr euer Mayonnaiseglas gefüllt?

Fassen Sie die Beiträge kurz zusammen und sichern Sie dadurch das Lernziel, dass es wichtig ist, seine Zeit gemäß seiner Werte zu verwenden und den Zielen, die diesen entsprechen, eine hohe Priorität einzuräumen – sie zu großen Steinen zu machen.

Sie können den Einstieg mit diesem Zitat von Hermann Hesse (1919) abschließen:

Nur das Denken, das wir leben, hat einen Wert.

Übung: Deine wesentliche Begegnung
Lernziel: Eigene Werte im Leben bewusst machen
Dauer: 15 Minuten
Sozialform: Einzelarbeit
Materialien: S. 3 *Übung: Deine wesentliche Begegnung*

Die nachfolgende Übung soll dazu dienen, anhand einer emotionalen und wesentlichen Begegnung mit anderen Menschen oder eines Erlebnisses die eigenen Werte bewusst zu machen. Leiten Sie die Übung auch so ein, damit die Schüler den Zweck der Übung verstehen, da sie nur so zielführend sein kann. Die Begegnung kann schon lange zurückliegen oder erst vor kurzem stattgefunden haben.

Es sollte sich um eine Begegnung handeln, die einen selbst, auf welche Weise auch immer, positiv geprägt hat und dadurch das eigene Wertesystem beeinflusst bzw. veranschaulicht. Anhand der Fragen in der Instruktion auf S. 3 des Arbeitsheftes unter *Übung: Deine wesentliche Begegnung* sollen die Teilnehmer die wichtigsten Aspekte dieser Begegnung herausarbeiten, vertieft darüber nachdenken und die wichtigsten Erkenntnisse notieren. Diese Übung ist angelehnt an Sigrun Ritzenfeldt-Turner (in Fliegel & Kämmerer, 2006).

Diese Übung sollte in jedem Fall nachbesprochen werden. Leiten Sie dies durch z. B. folgende Fragen ein: »Wie war es für euch, an so eine wesentliche Begegnung zu denken? Was habt ihr aus der Übung mitnehmen können?« Fassen Sie die Beiträge kurz zusammen und sichern Sie dadurch das Lernziel, dass es über emotionale Erinnerungen möglich ist, die eigenen Werte ins Bewusstsein zu rufen.

> Übung: Zeitanalyse
> Lernziele: Passung von Werten und Realität analysieren, Änderungsmotivation herstellen
> Dauer: 25 Minuten
> Sozialform: Einzelarbeit, Plenum
> Materialien: S. 4 *Übung: Zeitanalyse*

Auch unsere Zeiteinteilung kann unsere Prioritätensetzung verdeutlichen: In der Regel wenden wir mehr Zeit für diejenigen Dinge auf, denen wir eine hohe Priorität einräumen. Umgekehrt kann eine Unzufriedenheit mit der gegenwärtigen Zeiteinteilung darauf hinweisen, dass diese nicht unseren Prioritäten und Werten entspricht.

Diese Übung sieht vor, sich die eigene Zeiteinteilung bewusst zu machen. Auf S. 4 des Arbeitsheftes finden Sie die *Übung: Zeitanalyse*. In drei Kreise soll unter jeweils verschiedenen Gesichtspunkten die Zeiteinteilung einer Woche eingetragen werden. Zunächst soll die tatsächliche Zeiteinteilung eingetragen werden, in den zweiten Kreis die gedankliche und in den dritten Kreis die gewünschte. Anschließend werden die drei Kreise verglichen und Unterschiede oder Ähnlichkeiten festgestellt. Planen Sie dafür 15 Minuten ein. Besprechen Sie in den verbleibenden 10 Minuten im Plenum, was den Teilnehmern an ihren Zeitkreisen auffällt, was sie sich anders wünschen würden usw.

Übung: Diskutieren von Zielen und Werten
Lernziele: Wichtigkeit der Passung von Werten und Zielen erkennen
Dauer: 20 Minuten
Sozialform: 3er-/4er-Gruppen, Plenum
Materialien: S. 5 *Übung: Diskutiere Ziele und Werte*

Die Teilnehmer finden sich im Anschluss an die beiden Übungen in Gruppen mit drei oder vier Personen zusammen. Ziel dieser Sequenz ist es, in einer Diskussion die Erkenntnisse der beiden vorangegangenen Übungen zu diskutieren, zu verfestigen und noch einen Schritt weiterzudenken. Die Instruktion für die Teilnehmer finden Sie auf S. 5 des Arbeitsheftes unter *Übung: Diskutierte Ziele und Werte.*

So sollen die Teilnehmer zunächst noch einmal gemeinsam überlegen, warum Werte wichtig sind, wie man es schafft, nach ihnen zu leben, aber auch, wie sie mit den eigenen Zielen zusammenhängen, und warum es wichtig ist, Ziele im Einklang mit den eigenen Werten zu setzen. Um die Diskussion möglichst gewinnbringend zu gestalten, sind auf S. 5 des Arbeitsheftes in einem grauen Kasten Hinweise zur Diskussionsführung aufgelistet.

Für die Diskussion in der Gruppe geben Sie den Teilnehmern am besten 20 Minuten Zeit und tragen in den verbleibenden zehn Minuten noch einmal die wichtigsten Erkenntnisse im Plenum zusammen.

Abschluss: Wiederholung, Erkenntnisse und Blitzlicht
Lernziele: Inhalte festigen, Sitzung selbst zusammenfassen
Dauer: 15 Minuten
Sozialform: Plenum, Einzelarbeit
Materialien: S. 5 *Halte deine Erkenntnisse fest!*

An dieser Stelle werden die Inhalte der Stunde noch einmal zusammengefasst. Dies kann durch Sie als Trainer erfolgen, aber auch an die Teilnehmer abgegeben werden. Besonders wichtig zu erwähnen sind hier der Zusammenhang zwischen Werten und Zielen und die daraus resultierende Motivation, das Ziel auch tatsächlich zu erreichen. Auf S. 5 des Arbeitsheftes unter *Halte deine Erkenntnisse fest!* notiert dann jeder Teilnehmer die drei wichtigsten Erkenntnisse der aktuellen Sitzung für sich. Im anschließenden kurzen Blitzlicht soll jeder Schüler seine Bewertung der nun abgeschlossenen Trainingssitzung berichten.

3.2.4 Geplanter Stundenverlauf

Nachfolgend ist der geplante Stundenverlauf tabellarisch dargestellt.

Trainingssitzung 2: Werte – 90 Minuten

Dauer	Inhalt	Lernziele	Sozialform	Materialien
15 Min.	Einstieg: Das Prioritätenglas	• Erkennen, dass die eigenen Werte die Priorisierung einzelner Tätigkeiten bestimmen	Vortrag	• Geschichte *Prioritäten*
15 Min.	Übung: Deine wesentliche Begegnung	• Eigene Werte im Leben bewusst machen	Einzelarbeit	• S. 3 *Übung: Deine wesentliche Begegnung*
25 Min.	Übung: Zeitanalyse	• Passung von Werten und Realität analysieren • Änderungsmotivation herstellen	Einzelarbeit, Plenum	• S. 4 *Übung: Zeitanalyse*
20 Min.	Übung: Diskutieren von Zielen und Werten	• Wichtigkeit der Passung von Werten und Zielen erkennen	3er-/4er-Gruppen, Plenum	• S. 5 *Übung: Diskutiere Ziele und Werte*
15 Min.	Abschluss: Wiederholung, Erkenntnisse und Blitzlicht	• Inhalte festigen • Sitzung selbst zusammenfassen	Plenum, Einzelarbeit	• S. 5 *Halte deine Erkenntnisse fest!*

3.2.5 Tipps

In der Sequenz *Zeitanalyse* hatten die Schüler zunächst Schwierigkeiten, die tatsächliche und die gedankliche Zeiteinteilung für sich zu unterscheiden. Hier ist es wichtig, dass Sie den Schülern die Instruktion genau erläutern und ihnen die Unterschiede zwischen den verschiedenen Zeitkreisen erklären. Viele Schüler waren danach verblüfft über die Diskrepanzen, die sich vor allem beim Vergleich mit der gewünschten Zeiteinteilung auftaten. Es wurde beispielsweise berichtet, dass bestimmte Aktivitäten (z. B. aktive Mitgliedschaft in einem Sportverein) eigentlich zu den Wünschen der Schüler gehören, sie diese aber zugunsten der Schule vorübergehend aufgegeben haben. Den Schülern wurde so klar, dass sie an dieser Stelle die Schule ohne es zu bemerken bereits priorisiert hatten. Dabei hat es bei einigen regelrecht *klick* gemacht als sie die Bedeutung wahrnahmen, die sie der Schule beimessen. Gehen Sie daher in jedem Fall in der Nachbesprechung der Übung auf die den Schularbeiten beigemessene Zeit ein.

3.3 Trainingssitzung 3: Zielsetzung

Nach dem Kick-off und der vergangenen Trainingssitzung zum Thema *Werte* soll nun das erste Element aus dem Selbstregulationskreislauf besprochen werden:

die Zielsetzung. Alle weiteren Schritte im Prozess des selbstregulierten Lernens bauen auf einem Ziel auf. Daher sind die Inhalte dieser Sitzung ausgesprochen wichtig und sollten nach Möglichkeit oft wiederholt und gründlich eingeübt werden.

3.3.1 Lernziele

Die Lernziele der Trainingssitzung sind:
– Bedeutsamkeit der Zielsetzung erkennen
– eigene Ziele nach dem SMART-Modell formulieren

3.3.2 Sachanalyse

Studien zeigen, dass Ziele unserem Leben Bedeutung und Richtung geben. Wer welche hat, ist erfolgreicher, gesünder und auch glücklicher. Zahlreiche Studien belegen, dass das Setzen von Zielen sowohl motivationsfördernd als auch leistungssteigernd wirken kann (Locke & Latham, 2002). Solche Ziele müssen präzise und realistisch formuliert sein. Präzise Zielsetzung hat den Vorteil, dass die Zielverfolgung vereinfacht wird, da der eigene Fortschritt gut feststellbar ist.

Ziele fördern Motivation und Leistung

Ziele haben sich in der psychologischen Forschung als besonders leistungsförderlich erwiesen. Auch wenn es uns nicht immer bewusst ist, so braucht doch jede Handlung – auch jede Lernhandlung – ein Ziel. Ohne ein Ziel wird kaum Motivation entwickelt, da Motivation in der Psychologie als »aktivierende Ausrichtung des momentanen Lebensvollzuges auf einen positiv bewerteten Zielzustand« definiert wird (Rheinberg, 2004, S. 16). Ohne einen positiv bewerteten Zielzustand wird keine treibende Kraft entwickelt und zur Zielerreichung genutzt. Ohne ein Ziel können wir während unserer Handlung auch nicht überprüfen, ob wir überhaupt noch auf dem richtigen Weg dorthin sind. Das Erreichen eines Zieles erzeugt Freude und einen Gewinn an Selbstvertrauen. Dieses Selbstvertrauen wiederum beeinflusst maßgeblich, welches Ziel wir uns als nächstes setzen. Wünschenswert ist hier, durch eine realistische Zielsetzung Erfolge und somit einen Zugewinn an Selbstvertrauen möglich zu machen, sodass mit der Zeit immer anspruchsvollere Ziele gesetzt werden können, die auch realistisch sind.

Im Rahmen der Zielsetzung ist es wichtig, zwischen Nah- und Fernzielen zu unterscheiden. Fernziele sind komplexer als Nahziele und der Weg zu ihnen ist weniger eindeutig. Ein Schüler kann sich beispielsweise das Fernziel setzen, in der nächsten Klausur (oder im nächsten Zeugnis) eine Zwei in einem bestimmten Fach zu bekommen. Dieses Ziel ist zwar konkret, aber was getan werden muss, um das Ziel zu erreichen, wird nicht

Unterscheidung von Nah- und Fernzielen

definiert. Verglichen mit Fernzielen können wir Nahziele, sofern wir sie realistisch setzen, schneller erreichen. Sie helfen uns in der Zeit bis zum Erreichen des Fernzieles, durch kleine Erfolgserlebnisse motiviert zu bleiben. Bei Nahzielen ist uns in der Regel wesentlich klarer, wie wir sie erreichen können. Oft genügt schon ein einziger Schritt. Derselbe Schüler, der in der nächsten Klausur (oder im nächsten Zeugnis) eine Zwei erreichen möchte, kann sich z. B. das Nahziel setzen, in der nächsten Unterrichtsstunde alle wichtigen Punkte mitzuschreiben oder zwei Mal pro Woche eine Stunde lang zusätzlich zu den Hausaufgaben für das Fach zu lernen. Man sieht, dass der Weg zu Nahzielen eindeutiger ist. Das Setzen von Nahzielen auf dem Weg zu einem Fernziel ist daher ganz besonders wichtig, um den Weg zum Ziel überschaubarer zu machen.

SMARTe Ziele sind spezifisch, messbar, anspruchsvoll, realistisch und terminiert

Neben der expliziten Aufstellung von Zielen ist es besonders hilfreich, diese Ziele nach dem SMART-Modell zu formulieren. *SMART* ist ein Akronym und steht für spezifisch, messbar, anspruchsvoll, realistisch und terminiert. *Spezifisch* meint, dass ein Ziel so präzise wie möglich formuliert sein sollte. Ein Schüler, der sich das Ziel setzt, eine bessere Note in einem bestimmten Fach zu erreichen, sollte sich also auch überlegen, welche Note genau er anstrebt. *Messbar* nimmt auf die Überprüfbarkeit der Zielerreichung Bezug. Ein Ziel sollte so formuliert sein, dass wir auch erkennen können, wenn wir es erreicht haben. Eine wichtige Frage kann hierfür sein: »Woran werde ich erkennen, dass ich mein Ziel erreicht habe?«

Anspruchsvoll und *realistisch* stehen für ein Ziel, das nicht zu einfach, aber auch nicht zu schwer zu erreichen ist. Diese Kriterien können nur individuell von der betroffenen Person beurteilt werden. *Terminiert* bedeutet, einen festen Endpunkt zu setzen, an dem wir Bilanz über die Zielerreichung ziehen. Beispiele für Ziele nach dem SMART-Modell sind:

- »Ich möchte mich bis zum Ende dieser Unterrichtsstunde mind. fünfmal melden und die richtige Antwort sagen.«
- »Ich möchte in der nächsten Klassenarbeit in Deutsch eine Zwei statt einer Drei bekommen.«
- »Bis zum Ende dieses Halbjahres möchte ich mich mehr für die Schule engagieren, indem ich beim kommenden Frühlingsfest aktiv im Organisationskomitee mithelfe und ein bis zwei Aufgaben übernehme.«

Annäherungsziele werden leichter erreicht als Vermeidungsziele

Neben der SMARTen Formulierung von Zielen ist es günstig, Annäherungsziele anstelle von Vermeidungszielen aufzustellen. Es sollte also nicht heißen: »Ich möchte in Mathe während des Unterrichts nicht mehr mit meinem Nachbarn plaudern«, sondern »Ich möchte in Mathe während des Unterrichts konzentriert zuhören und mir Notizen machen«. Es hat sich gezeigt, dass diese positiv formulierten Ziele leichter erreicht werden als negativ formulierte. Jedes Vermeidungsziel kann durch die Frage »Was willst du stattdessen?« in ein Annäherungsziel verwandelt werden.

Ziele sind für alle weiteren Phasen des selbstregulierten Lernens wichtig. Ohne ein konkretes Ziel können keine Pläne gemacht werden, kann keine Motivation entstehen, das Durchhalten wird erschwert und eine Reflexion ist überflüssig, da sowieso nie klar war, wohin es gehen sollte. Ziele sind der allererste Schritt in einer (Lern-)Handlung und werden noch vor der Planung formuliert. Sie können Ihre Schüler im Setzen von Zielen direkt unterstützen, indem Sie die Zielsetzung mit ihnen besprechen und einüben. Sie können Ihre Schüler dabei aber auch indirekt unterstützen, indem Sie z. B. das Lernziel zu Beginn der Unterrichtsstunde bekannt geben und so als Vorbild fungieren.

3.3.3 Methodische Analyse

Einstieg: Den Berg erklimmen
Lernziel: Erkennen, dass Ziele eine Richtung geben und motivieren
Dauer: 5 Minuten
Sozialform: Vortrag, Plenum
Materialien: Geschichte *The Scottish Himalayan Expedition*

Steigen Sie in die Trainingsstunde ein, indem Sie den Teilnehmern durch die Einordnung der aktuellen Sequenz *Zielsetzung* in das Selbstregulationsmodell einen Überblick verschaffen. Nutzen Sie dafür eine Abbildung des Modells oder ein Tafelbild. Geben Sie anschließend einen Überblick über den Ablauf der Trainingsstunde zur Zielsetzung und nennen Sie die Lernziele der heutigen Sitzung.

Verdeutlichen Sie den Teilnehmern in einem kurzen Einstieg die Relevanz des Themas der Zielsetzung. Nutzen Sie dafür den Erlebnisbericht von William H. Murray aus seinem Reisebericht *The Scottish Himalayan Expedition* (1951):

The Scottish Himalayan Expedition

Bevor man sich voll auf etwas einlässt, gibt es ein Zögern, die Möglichkeit des Rückzugs, und man ist nicht wirklich effektiv. Wenn man etwas anschieben oder etwas Neues schaffen will, gibt es eine grundlegende Wahrheit, deren Nichtbeachtung zahllose Ideen und die großartigsten Pläne zunichtemacht: Erst wenn man sich voll auf etwas einlässt, setzt sich auch die Vorsehung in Bewegung. Man findet plötzlich von allen Seiten Unterstützung, die man sonst nicht erhalten hätte. Ein ganzer Strom von Ereignissen folgt der Entscheidung, und man ist auf einmal Nutznießer von unvorhersehbaren Vorfällen und Begegnungen mit Menschen und materieller Unterstützung, die man vorher nicht für möglich gehalten hätte.

In einer kurzen Nachbesprechung dieses Berichts können Sie mit den Schülern herausarbeiten, dass erst nach dem Setzen eines Zieles Handlungen überlegt und angeschlossen werden können, um diese zu erreichen, z. B. auch die Suche nach Unterstützung.

> **Theorie: Zielsetzung**
> **Lernziel: Erkennen, dass die Aufteilung von Fernzielen in Nahziele durch Machbarkeit und Erfolgserlebnisse motiviert**
> **Dauer: 5 Minuten**
> **Sozialform: Vortrag**
> **Materialien: Geschichte *Glücklicher*, S. 6 Info: Zielsetzung**

Geben Sie dann anhand des Infotextes *Info: Zielsetzung* auf S. 6 des Arbeitsheftes eine kurze theoretische Einführung. Erklären Sie, dass es Nah- und Fernziele gibt und worin sie sich unterscheiden. Nutzen Sie auch die Ausführungen zu Nah- und Fernzielen aus der Sachanalyse. Die Unterscheidung in Nah- und Fernziele ist insofern relevant, als dass sie sich darin unterscheiden, wie man mit ihnen umgeht. Die Teilnehmer sollen sich im Training mit beiden Zielvarianten befassen und deshalb in der nächsten Übung zunächst ein schulisches Fernziel bestimmen.

Zur Verdeutlichung der Relevanz der Aufteilung von Fernzielen in Nahziele können Sie auch die Geschichte *Glücklicher* von Ben-Shahar (2007) nutzen:

Glücklicher

Robert M. Pirsig beschreibt in seinem Buch »Zen und die Kunst, ein Motorrad zu warten«, wie er sich im Himalaja beim Bergsteigen einer Gruppe älterer Zen-Mönche angeschlossen hatte. Obwohl Pirsig der jüngste Teilnehmer der Expedition war, hatte er als Einziger Schwierigkeiten. Irgendwann musste er aufgeben, während die Mönche mühelos bis zum Gipfel kamen. Pirsig hatte sich auf das Ziel konzentriert, die Bergspitze zu erreichen, und war so davon überwältigt, was alles noch vor ihm lag, dass er das Klettern nicht genießen konnte. Er verlor die Lust – und damit die Kraft – um weiterzuklettern.

Die Mönche konzentrierten sich auch auf den Gipfel, aber nur um sicherzustellen, dass sie auf dem richtigen Kurs blieben; denn das Erreichen der Bergspitze war für sie nicht wichtig. Ihr Wissen, dass sie in die richtige Richtung marschierten, erlaubte es ihnen, ihre Aufmerksamkeit zu bündeln und jeden Schritt zu genießen, anstatt von dem überwältigt zu werden, was noch alles vor ihnen lag.

Übung: Rauf auf den Berg!
Lernziel: Schulisches Fernziel bestimmen
Dauer: 5 Minuten
Sozialform: Einzelarbeit
Materialien: S. 7 *Zu dir: Rauf auf den Berg!*

In dieser Übung haben die Schüler die Gelegenheit im Arbeitsheft auf S. 7 *Zu dir: Rauf auf den Berg!* ein schulisches Fernziel für sich zu bestimmen. Bei den meisten Schülern wird dieses Ziel der Schulabschluss sein. Lassen Sie sich von wenig Varianz dieser Fernziele nicht irritieren: Die Erkenntnisse, die der einzelne Teilnehmer im anschließenden Interview gewinnt, werden sehr individuell sein. Mit dem gesetzten Fernziel wird in der nächsten Übung noch weitergearbeitet.

Besprechen Sie die kurze Übung daher nicht ausführlich nach, vergewissern Sie sich aber, dass es bei der Zielsetzung keine Probleme gab und jeder ein Ziel zur weiteren Bearbeitung in der nächsten Übung gefunden hat.

Übung: Zielinterview
Lernziele: Motivation für die Zielerreichung entwickeln
Dauer: 20 Minuten
Sozialform: 2er-Gruppen, Plenum
Materialien: S. 7 *Übung: Zielinterview*

Nachdem sich jeder Teilnehmer ein schulisches Fernziel gesetzt hat, soll in dieser Übung Motivation und Verbindlichkeit in Hinsicht auf dieses Ziel hergestellt werden. Hierfür bilden die Teilnehmer selbstständig Zweiergruppen, in denen sich die Teilnehmer zu ihren Fernzielen gegenseitig interviewen. Die Instruktion und Interviewfragen finden die Teilnehmer auf S. 7 des Arbeitsheftes unter *Übung: Zielinterview*. Die Fragen sind angelehnt an die Systemische Beratung (De Jong & Kim Berg, 1998).

Ein Interview zu solch einem Thema erfordert natürlich ein gewisses Maß an Vertrauen unter den Interviewpartnern. Am besten setzen sich die Teilnehmer also mit einem Partner zusammen, demgegenüber sie sich öffnen können. Wenn das nicht immer möglich oder gewünscht ist, können die Fragen durchaus auch in Einzelarbeit beantwortet werden. Um die Methode des Interviews besser nachvollziehen zu können, befindet sich auf derselben Seite im Arbeitsheft auch eine graue Methodenbox. In dieser sind die wichtigsten Regeln zum gewinnbringenden Interviewen aufgelistet.

Besprechen Sie in jedem Fall die Ergebnisse der Teilnehmer aus dem Interview im Plenum nach. Hier geht es nicht darum, dass private Details berichtet werden. Fragen Sie, welchen Eindruck die Übung bei den Schülern hinterlassen hat und welche Erfahrungen sie damit gemacht haben. Fassen Sie die Teilnehmerbeiträge zusammen, um das Lernziel zu sichern und die Arbeit der Schüler wertzuschätzen.

> **Theorie: SMARTe Ziele**
> **Lernziel: SMART-Modell kennenlernen**
> **Dauer: 10 Minuten**
> **Sozialform: Vortrag**
> **Materialien: S. 8** *Info: SMARTe Ziele*

Erarbeiten Sie anschließend mit den Teilnehmern das SMART-Modell. Als Ausgangspunkt können Sie dafür die Teilnehmer fragen, wie ihrer Meinung nach ein Ziel formuliert sein sollte, damit man es erreichen kann.

Gehen Sie im Anschluss anhand des Infotextes auf S. 8 des Arbeitsheftes unter *Info: SMARTe Ziele* jeden einzelnen Buchstaben des SMART-Modells durch und besprechen Sie jeweils ein oder mehrere Beispiele.

Ein Ziel, das alle SMART-Kriterien erfüllt (Attraktivität des Ziels vorausgesetzt), wäre z. B. das Folgende: »In den drei Wochen bis zur nächsten Mathematikklausur möchte ich meine Hausaufgaben in Mathe immer erledigen und zweimal pro Woche jeweils eine Stunde zusätzlich üben. Das mache ich am besten dienstags und donnerstags direkt vor/nach der Schule.«

> **Übung: Die ersten Schritte bestimmen**
> **Lernziel: Zwei SMARTe schulische Nahziele bestimmen**
> **Dauer: 10 Minuten**
> **Sozialform: Einzelarbeit**
> **Materialien: S. 8** *Zu dir: Bestimme die ersten Schritte!*

In dieser Übung sollen sich die Teilnehmer erneut Ziele setzen. Dieses Mal sollen es jedoch zwei schulische Nahziele sein, welche die Teilnehmer innerhalb der nächsten Wochen erreichen und auch überprüfen können. Die Nahziele sollen den SMART-Kriterien genügen. Auf S. 8 des Arbeitsheftes haben die Teilnehmer unter *Zu dir: Bestimme die ersten Schritte!* Platz für das Notieren ihrer Ziele.

Sie brauchen diese Übung nicht zu besprechen, da die Teilnehmer in der nächsten Sequenz die Gelegenheit bekommen, ihre Ziele in Kleingruppen auf die SMART-Kriterien hin zu überprüfen und mögliche Probleme zu besprechen.

> Übung: Die ersten Schritte optimieren
> Lernziele: Nahziele optimieren, SMART-Kriterien festigen
> Dauer: 20 Minuten
> Sozialform: 4er-Gruppen, Plenum
> Materialien: S. 9 *Übung: Die ersten Schritte optimieren*

Für diese Übung werden Vierergruppen gebildet. Anschließend wählt jeder Teilnehmer eines seiner beiden Nahziele aus, das er in der Kleingruppe besprechen möchte. Die Gruppen finden sich zusammen und gehen dann das Ziel jedes Gruppenmitglieds durch und prüfen, ob es alle SMART-Kriterien erfüllt. Ermuntern Sie die Teilnehmer, präzise zu sein und ganz genau hinzuschauen! Gehen Sie selbst während der Übung von Gruppe zu Gruppe, um sie dabei zu unterstützen. Geben Sie Hilfestellung, wenn die smarte Zielformulierung den Schülern noch schwerfällt. Auf S. 9 des Arbeitsheftes finden die Teilnehmer die Instruktion unter *Übung: Die ersten Schritte optimieren*.

Besprechen Sie nun das Üben der SMARTen Zielsetzung nach. Fragen Sie die Schüler, welche Schwierigkeiten Sie bei der Formulierung ihrer Ziele hatten und welche Erkenntnisse sie nun mitnehmen. Machen Sie noch einmal klar, dass dies die Ziele sind, an denen in den nächsten Wochen gearbeitet werden soll und um die es im Verlauf des Programmes noch mehrfach gehen wird!

> Abschluss: Wiederholung, Erkenntnisse und Blitzlicht
> Lernziele: Inhalte festigen, Sitzung selbst zusammenfassen
> Dauer: 15 Minuten
> Sozialform: Plenum, Einzelarbeit
> Materialien: S. 9 *Halte deine Erkenntnisse fest!*

An dieser Stelle sollen die Inhalte der Stunde noch einmal zusammengefasst werden. Dies kann durch Sie selbst, aber auch durch die Schüler erfolgen. Erwähnen Sie vor allem die Relevanz der Zielformulierung und die SMART-Kriterien. Auf S. 9 des Arbeitsheftes unter *Halte deine Erkenntnisse fest!* kann anschließend jeder Teilnehmer die drei wichtigsten Erkenntnisse der aktuellen Sitzung für sich notieren. Im darauffolgenden Blitzlicht wird jeder Schüler gebeten, seine Bewertung der Trainingssitzung zu berichten.

3.3.4 Geplanter Stundenverlauf

Nachfolgend ist der geplante Stundenverlauf tabellarisch dargestellt.

Trainingssitzung 3: Zielsetzung – 90 Minuten

Dauer	Inhalt	Lernziele	Sozialform	Materialien
5 Min.	Einstieg: Den Berg erklimmen	• Erkennen, dass Ziele eine Richtung geben und motivieren	Vortrag, Plenum	• Geschichte *The Scottish Himalayan Expedition*
5 Min.	Theorie: Zielsetzung	• Erkennen, dass die Aufteilung von Fernzielen in Nahziele durch Machbarkeit und Erfolgserlebnisse motiviert	Vortrag	• Geschichte *Glücklicher* • S. 6 *Info: Zielsetzung*
5 Min.	Übung: Rauf auf den Berg!	• Schulisches Fernziel bestimmen	Einzelarbeit	• S. 7 *Zu dir: Rauf auf den Berg!*
20 Min.	Übung: Zielinterview	• Motivation für die Zielerreichung entwickeln	2er-Gruppen, Plenum	• S. 7 Übung: *Zielinterview*
10 Min.	Theorie: SMARTe Ziele	• SMART-Modell kennenlernen	Vortrag	• S. 8 *Info: SMARTe Ziele*
10 Min.	Übung: Die ersten Schritte bestimmen	• Zwei SMARTe schulische Nahziele bestimmen	Einzelarbeit	• S. 8 *Zu dir: Bestimme die ersten Schritte!*
20 Min.	Übung: Die ersten Schritte optimieren	• Nahziele optimieren • SMART-Kriterien festigen	4er-Gruppen, Plenum	• S. 9 *Übung: Die ersten Schritte optimieren*
15 Min.	Abschluss: Wiederholung, Erkenntnisse und Blitzlicht	• Inhalte festigen • Sitzung selbst zusammenfassen	Plenum, Einzelarbeit	• S. 9 *Halte deine Erkenntnisse fest!*

3.3.5 Tipps

Die Beiträge im Rahmen des Blitzlichts am Ende der Sitzung machten deutlich, dass den Schülern das *Zielinterview* viel gebracht hat. Einige Schüler haben sich bei dieser Gelegenheit zum ersten Mal so ausführlich über ihre eigenen Zielvorstellungen Gedanken gemacht und mit einer anderen Person darüber gesprochen. Die Schüler erlebten dadurch eine hohe Bindung an ihre Ziele. Die Trainingssitzung insgesamt bekam viel Lob. Legen Sie in dieser Sitzung daher viel Wert auf die Instruktion zur Übung *Zielinterview* und ermöglichen Sie eine angenehme Interviewsituation, um den Erfolg der Übung zu ermöglichen.

3.4 Trainingssitzung 4: Planung

Nachdem ein Ziel gesetzt wurde, sollte sich eine Planung der Zielerreichung anschließen. Das ist der Schritt, in dem eine Zielvorstellung in konkrete Handlungsschritte überführt wird. Die Trainingssitzung zur Planung schließt sich deshalb direkt an die Sitzung zur Zielsetzung an, da beide Themen sehr eng zusammenhängen. Auch das Thema Zeitmanagement bekommt an dieser Stelle besondere Aufmerksamkeit, denn gerade Zeit, die knapp ist, sollte geplant werden.

3.4.1 Lernziele

Die Lernziele der Trainingssitzung sind:
- Inhalte und Aspekte der Planung kennenlernen
- eigene Planung verbessern

3.4.2 Sachanalyse

Die Planung stellt den Übergang von der präaktionalen zur aktionalen Lernphase dar (Perels, Löb, Schmitz & Haberstroh, 2006) und damit den Beginn der eigentlichen Lernhandlung. Planung und Zeitmanagement sind die Wegbereiter der Lernhandlung. Gerade dann, wenn Verpflichtungen in anderen Lebensbereichen hinzukommen, sind sie von großer Bedeutung. Verschiedene Studien belegen, dass pädagogische Interventionen im Bereich Planung und Zeitmanagement erfolgreich sind (z. B. Zimmermann, Bonner & Kovach, 1996).

Bei der Planung der Lernhandlung geht es darum, einen Weg zur Zielerreichung zu zeichnen. Hier wird wieder deutlich, dass nur für ein realistisches Ziel auch ein realistischer Weg gezeichnet werden kann. Oft wird erst bei der konkreten Handlungsplanung klar, welche Schritte für die Zielerreichung notwendig sind. Die Handlungsplanung beinhaltet also das Bestimmen der erforderlichen Schritte und die Überlegung, wann, wo und wie diese ausgeführt werden sollen. Die Planung ist somit ein wichtiger Schritt von einer Zielvorstellung zu einer konkreten Handlung. Außerdem unterstützt Planung dabei, eine Handlung zeitnah zu beginnen und ein Aufschieben zu vermeiden. Durch Planen des Weges zu einem Ziel erhöht sich bereits die Selbstwirksamkeit des Lernenden, da durch das Finden von Schritten/ Lösungen Handlungsfähigkeit und somit auch Kompetenz erlebt wird. Die Planung von Handlungsschritten fällt unterschiedlich aus, je nachdem wie kurz- oder langfristig und wie komplex das Ziel ist. Ist das Ziel eher langfristig, z. B. in der nächsten Mathematikarbeit die Note *gut* zu erhalten, so geht es darum, Teilschritte zu bestimmen, die zum Ziel führen (z. B. regelmäßig Mathematikhausaufgaben zu machen, im Mathematikunterricht aufzupassen und sich zu melden etc.). Ist das Ziel kurzfristiger, z. B. alle Hausaufgaben für den Tag zu erledigen, so geht es im Rahmen der Planung vor allem darum, einen Überblick über Umfang und Art der zu erledigenden Aufgaben zu erhalten und sich zu vergegenwärtigen, *was genau* zu tun ist.

> Ziele zeigen, wohin man will – Pläne, wie man dorthin kommt

Überlegungen bezüglich des Zeitmanagements, der eingesetzten Lernstrategien oder der Gestaltung der Lernumgebung sollen dem Lernenden zeigen, *wie* er die tatsächliche Ausführung seiner geplanten Schritte gewährleisten kann.

Zeitmanagement

Wie detailliert wir unseren Zeitplan gestalten, variiert von Person zu Person, je nachdem was für uns gut funktioniert. Ein Beispiel für einen eher groben Zeitplan eines Schülers könnte sein: »Ich mache direkt nach der Schule meine Hausaufgaben, damit ich am Abend noch etwas unternehmen kann.« Ein Beispiel für einen detaillierten Zeitplan des gleichen Schülers könnte sein: »Ich beginne um 15.00 Uhr mit den Deutschhausaufgaben. Ab 15.45 Uhr mache ich die Mathematikhausaufgaben. Ab 16.15 Uhr kann ich mich mit Freunden treffen.« Gerade beim Erreichen von Lernzielen ist der Umgang mit der Zeit ein zentraler Faktor zum Erfolg. Wie viel Zeit wird eingeplant und wie intensiv und zielgerichtet wird diese genutzt? Nach L.J. Seiwert (1999) sind die zentralen Komponenten effektiven Zeitmanagements 1. das Bewusstmachen des eigenen Verhaltens (vor allem bezüglich des Zeitmanagements), 2. das Erkennen der Grenzen des eigenen Einflussbereichs (das heißt wissen, wann man Puffer einplanen muss, weil man nicht alles beeinflussen kann) und 3. das Wissen und die Anwendung geeigneter Strategien. Die gängigsten Strategien sinnvollen Zeitmanagements sind folgende:

Setzen Sie sich Ziele! Machen Sie sich Ihre Ziele bewusst und richten Sie das eigene Handeln an diesen Zielen aus. Dadurch schafft man persönliche Erfolgserlebnisse und auch Zufriedenheit.

Bereiten Sie sich vor! Aufgaben sollten klar festgehalten werden, damit nichts verloren gehen kann, z. B. durch schriftliche Planung des nächsten Tages am Abend zuvor, damit man den Kopf frei bekommen und dadurch besser schlafen kann.

Fassen Sie Aufgaben zusammen! Ähnliche Aufgaben sollten zusammengefasst und gemeinsam erledigt werden, z. B. wichtige Telefonate oder Arbeit im Haushalt direkt hintereinander erledigen, damit man sich auf eine Tätigkeit konzentrieren kann und sie so schneller und leichter bewältigt.

Vereinfachen Sie Aufgaben! Schwierige Aufgaben sollten am besten in kleine Schritte aufgeteilt werden (z. B. SMARTe Nahziele bilden). Auch die Reihenfolge und Erledigungstermine sollte man festlegen, damit auch große Aufgaben bewältigbar werden und durch die Erfolge Motivation entstehen kann.

Schaffen Sie Zeit – sagen Sie Nein! Haben Sie Mut zum Nein-Sagen, wenn Freunde oder Familie kleine Gefälligkeiten fordern, die nicht in den eigenen Zeitplan passen. Meist haben diese Verständnis für klar gesetzte Prioritäten. Machen

Sie sich auch bewusst, dass keiner alles schaffen und allem gerecht werden kann. Dadurch gewinnt man Zeit für die wichtigen Dinge und kann Druck und Stress verringern.

Nehmen Sie Erledigtes als Erfolg wahr und belohnen Sie sich selbst und andere für diese Erfolge. Damit steigen Motivation und Zufriedenheit.

Genießen Sie Erfolge!

Ein mögliches Vorgehen, um all die Hinweise zum Zeitmanagement umzusetzen, ist die ALPEN-Methode. Sie ist relativ einfach und erfordert durchschnittlich nur 8 Minuten tägliche Planungszeit.

Notwendige Arbeiten aus dem Aufgabenkatalog wie z. B. Unerledigtes vom Vortag, neu hinzukommende Tagesarbeiten, einzuhaltende Termine und Telefonate, sowie sich wiederholende Aufgaben (z. B. Schule von 8.00–13.00 Uhr, Arbeit etc.) werden notiert.

Schreiben Sie Aktivitäten und Termine auf!

Für jede Aktivität wird der ungefähre Zeitbedarf veranschlagt. Es sollten realistische Zeiten für die Tätigkeiten geplant werden, denn sonst führt Unerledigtes nur zu unnötiger Frustration und Abneigung gegen Tagespläne. Andererseits ist es so, dass für eine Arbeit oft so viel Zeit benötigt wird, wie Zeit zur Verfügung steht. Bei einer konkreten Vorgabezeit für die Aufgaben zwingt man sich, wie z. B. bei einem Geldbudget, das Limit auch einzuhalten. Eine bestimmte vorgegebene Zeit kann also auch dabei unterstützen, konzentrierter und störungsfreier zu arbeiten.

Planen Sie die Dauer der Aktivitäten!

»Erstens kommt es anders und zweitens als man denkt.« Es sollten nur ca. 60 % der verfügbaren Zeit (Grundregel der Zeitplanung) verplant werden. So gut man Störungen auch zu vermeiden versucht, Unvorhergesehenes wird sich die notwendige Zeit nehmen. Daher sollten 40 % der verfügbaren Zeit für unerwartete, spontane oder soziale Aktivitäten freigehalten werden.

Reservieren Sie Pufferzeiten!

Da man meistens dazu neigt, mehr als 50–60 % der verfügbaren Arbeitszeit zu verplanen, sollten die Aufgaben soweit es geht zusammengestrichen werden. Das geht, indem man Prioritäten setzt und wo möglich kürzt oder Tätigkeiten an andere abgibt. Beim Setzen von Prioritäten hilft es, sich die eigenen Werte und Ziele bewusst zu machen und gegebenenfalls mehr als zwei Kategorien zu benutzen (z. B. A: höchste Priorität, B: mittlere Priorität, C: niedrige Priorität). Beim Kürzen geht es vor allem um den eigenen und den Anspruch anderer an das Ergebnis. Welchen Ansprüchen kann (und will) man gerecht werden, welchen nicht? Delegieren kann man besonders Aufgaben, für die man nicht allein verantwortlich ist. Sollten wiederkehrende Aufgaben ständig abgeben werden müssen, ist es sinnvoll zu überlegen, diese

Treffen sie Entscheidungen!

dauerhaft aufzugeben oder einzutauschen (z. B. Tätigkeiten im Haushalt). Wenn nach dem Treffen von Entscheidungen noch immer Tätigkeiten übrig bleiben, muss der Rest verschoben, gestrichen oder in zusätzlicher Zeit *(Überstunden)* abgearbeitet werden.

Kontrollieren Sie nach!

Am Ende des Tages gilt es, Unerledigtes auf den nächsten Tagesplan zu übertragen. Wird eine Aktivität mehrfach übertragen, wird sie lästig. Hierfür gibt es zwei Möglichkeiten: Diese Aufgabe endlich anpacken oder diese Aufgabe streichen, weil sie offensichtlich eine niedrige Priorität hat.

Erstellen Sie einen Tagesplan!

Für die Tagesplanung stellt die untenstehende Tabelle eine Umsetzungsmöglichkeit dar. Es wird in den entsprechenden Zellen das notiert, was an dem Tag/in der Woche/in dem Monat erledigt werden muss.

Priorität			Aktivität/Aufgabe	Zeitbedarf	Beginn	Fertig bis
A	B	C				
X			Schule: Mathe-Klausurvorbereitung	60 min	15:30	17:00
	X		Privat: Geschenk Caro besorgen	30 min	17:00	20:00

Lernstrategien

Neben der Zeit sollten auch die eingesetzten Lernstrategien geplant werden. Das kann z. B. bedeuten, die Abfolge von Aufgaben so zu gestalten, dass ein Maximum an Motivation über den Lernprozess erhalten bleibt. Allgemein wird zwischen kognitiven, metakognitiven und ressourcenorientierten Lernstrategien unterschieden (siehe Kapitel 1.1). Wir werden an dieser Stelle lediglich auf die kognitiven

Lernstrategien eingehen. Da nicht jede Lernstrategie sich für jedes Unterrichtsfach und jeden Inhalt eignet, ist dieser Schritt besonders wichtig, um die Lernzeit effektiv nutzen zu können. Welche Lernstrategien für Ihren Unterricht und Ihre Schüler am effektivsten sind, ist durch Ausprobieren am besten festzustellen. Allgemein lässt sich jedoch festhalten, dass das Gelernte länger abrufbar bleibt, wenn es zu einer intensiven Auseinandersetzung mit dem Lernstoff kommt. Die folgenden Lernstrategien ermöglichen eine besonders intensive Beschäftigung: Organisation (Lernstoff in subjektiv nachvollziehbare Struktur bringen), Zusammenhänge (Verringerung des Neuen durch Verknüpfung mit Altem) und kritisches Prüfen (Wahrheitsgehalt prüfen). Weitere nützliche Lernstrategien, die das Lernen erleichtern, weil sie auch motivationsförderlich sein können, sind Wiederholen (Lernfortschritte schneller erkennen), Literatur (interessanteste Aspekte des Themas vertiefen) und Lernen in Gruppen (Motivationstief überwinden, wieder in das Lernen *reinkommen*). Im Folgenden werden diese Strategien näher dargestellt.

Oft ist der Lernstoff nicht so strukturiert, dass er einfach zu lernen ist. Auch ist nicht die gleiche Struktur für jeden gleich gut zu lernen. Die (Neu-)Organisation des Lernstoffes meint, den Lernstoff subjektiv verständlich zu ordnen und zu strukturieren. Darunter fallen folgende Tätigkeiten: Zusammenfassungen, Gliederungen, Tabellen, Schaubilder und Diagramme nutzen, Unterstreichen in Texten und Mitschriften, Glossar erstellen.

Organisieren des Lernstoffs

Das Lernen neuer Inhalte wird erleichtert, wenn es mit bereits Bekanntem verknüpft wird. Dies kann geschehen, indem Beziehungen zu bereits Bekanntem hergestellt werden, eine bildliche Vorstellung des Gegenstands entwickelt wird oder Beispiele überlegt werden. Wurden bereits eigene Erfahrungen mit dem Sachverhalt gemacht, können diese reflektiert werden. Weiterhin ist es hilfreich, praktische Anwendungsmöglichkeiten zu überlegen und Beziehungen zu den Inhalten anderer Fächer herzustellen.

Zusammenhänge herstellen

Besonders gut zu behalten ist ein Lerninhalt durch das kritische Hinterfragen. Mögliche Fragen, die dazu anregen, sind: Ist der Stoff/ Text überzeugend? Sind die Aussagen ausreichend belegt? Welche Widersprüche finde ich in dem Lerninhalt?

Kritisch Prüfen

Um das Wiederholen kommt man besonders vor Prüfungen nicht herum. Es wird jedoch einfacher, wenn man den Lernstoff vorher bereits gut organisiert, ihn in Beziehung zu Bekanntem gesetzt und ihn kritisch geprüft hat. Besonders sinnvoll ist es, das *Grundwissen* wie Schlüsselbegriffe, Regeln, Fachbegriffe oder Formeln ausreichend zu wiederholen. Das hilft dabei, den Kopf in der Prüfung frei zu haben, um die Aufgabe zu verstehen und zu bearbeiten.

Wiederholen

Literatur nutzen Weiterführende Literatur, die über den Unterrichtsstoff hinaus geht, eignet sich gut, um besonders die spannenden oder unverständlichen Inhalte weiterzubearbeiten. Besonders, wenn bestimmte Begriffe nicht bekannt sind oder Informationen fehlen, ist es hilfreich in Lexika (nicht nur Wikipedia), anderen Lehrbüchern oder Fachbüchern nachzuschlagen.

In Gruppen lernen Das Lernen in Gruppen kann besonders effektiv sein, wenn dort der Lernstoff diskutiert wird, Verständnisfragen geklärt werden und man sich gegenseitig abfragt.

Lernumgebung

Auch die Lernumgebung und die eingesetzten Lernmaterialien sollten geplant werden. Ein geeigneter Lernort ist ruhig, hell und abgeschirmt gegen äußere Störreize wie Telefon oder Internet. Folgende Strategien können zur Optimierung der Lernumgebung eingesetzt werden:

Schirmen Sie sich aktiv ab! Nach jeder Störung muss man sich wieder neu einarbeiten, das kostet Kraft und viel mehr Zeit, als man manchmal denkt (bis zu einem Drittel der Zeit kann durch Störungen verloren gehen). Um sich abzuschirmen, können Sie sich z. B. *Stille Stunden* einrichten, in denen nichts und niemand stört. Wichtig ist, das auch mitzuteilen, damit andere Personen Rücksicht nehmen können (z. B. Türschild). Halten Sie sich selbst auch an die Stillen Stunden, indem ablenkende Dinge in dieser Zeit unzugänglich gemacht werden. Verzichten Sie in dieser Zeit auf Telefon und Internet, denn Kommunikationsmedien wie das Telefon, E-Mail-Dienste und soziale Netzwerke im Internet können besonders ablenkend sein. Mit diesen kann man so verfahren: Telefon- und Internettermine festlegen (z. B. ein wichtiges Telefonat führen, bevor mit dem Lernen angefangen wird; E-Mails vorher lesen und/oder danach – nicht währenddessen), Rückruftermine ausmachen, falls jemand anruft, Handy während des Lernens ausschalten oder lautlos stellen und weglegen.

Gestalten Sie Ihren Arbeitsplatz! Der Lernort sollte ausreichend ruhig sein und so wenig wie möglich ablenken. Am besten geht das am eigenen Schreibtisch im eigenen Zimmer. Sollte das nicht möglich sein, hilft auch eine andere wirklich ruhige Umgebung z. B. das Selbstlernzentrum oder die Bücherei. Folgendes sollte dabei beachtet werden:

Es sollte auch genügend Licht und frische Luft vorhanden sein und gegebenenfalls Trinkwasser bereit stehen, da sonst die Konzentrationsfähigkeit eingeschränkt wird. Auch eine bequeme Sitzposition ist wichtig, denn ein verspannter Nacken oder Rücken kann die Konzentrationsfähigkeit ebenso einschränken.

Es gibt Menschen, die einen Schreib- und Arbeitsplatz brauchen, an dem sie sich wohlfühlen und gern aufhalten. Diesen gestalten sie z. B. mit Bildern (Postkarten, Fotos etc.), motivierenden Gegenständen, schönen Büromaterialien, Kerzen etc. Es gibt aber auch Menschen, die auf einen möglichst kahlen und ungemütlichen Schreib- und Arbeitsplatz setzen, damit sie schneller und effektiver arbeiten, um ihn möglichst schnell wieder verlassen zu können. Es gilt, aufmerksam dafür zu sein, ob die eigene Umgebung einem zu gemütlich oder zu kahl erscheint. Es geht hierbei nicht darum, sich festzulegen, denn Präferenzen können sich über die Zeit auch wieder verändern.

Achten Sie auf den Wohlfühlfaktor!

Lernen macht manchmal mehr und manchmal weniger Spaß. Unnötige Hindernisse werden ausgeräumt, wenn man auf die Vollständigkeit der Lernmaterialien achtet und mit Kollegen und Freunden lernt.

Schaffen Sie günstige Voraussetzungen!

Die Lernmaterialien sollten zu Beginn bereitgelegt werden. Es gilt, vor dem Lernen zu überlegen, ob noch Unterlagen, Mitschriften oder andere Hilfsmittel fehlen und wie diese zu beschaffen sind. Hilfsmittel können manchmal auch Personen sein, die um Hilfe gebeten werden.

Lernen mit Kollegen und Freunden, das heißt das Verabreden von Treffen zum gemeinsamen Lernen, hat mehrere Vorteile: Wenn es besonders schwierig ist, sich in das Lernen einzufinden, kann man sich trotzdem darauf freuen, seine Freunde zu sehen. Das Lernen mit Freunden schafft Verbindlichkeit, weil man sich verabreden muss und man kann sich zudem gegenseitig offene Fragen beantworten.

Ein Beispiel für einen ausführlichen Plan, der alle hier erwähnten Bestandteile enthält, ist der folgende: »Ich beginne um 15.00 Uhr mit den Hausaufgaben. Dafür setze ich mich an den Schreibtisch in meinem Zimmer und schließe die Tür. Ich starte mit den Deutschhausaufgaben, weil die nicht so schwierig sind. Erst mache ich die Grammatikübung auf S. 24 und dann beantworte ich die Fragen zum Text. Ab 15.30 Uhr mache ich die Mathematikhausaufgaben, weil ich dann voll konzentriert bin. Erst mache ich die einfacheren Aufgaben 1 a) bis 1 d). Dann gehe ich die schwierigere Aufgabe 1 e) an, für die ich noch etwas nachlesen muss. Ab 16.00 Uhr kann ich mich dann entspannt zurücklehnen.«

Die Planung spielt ebenso wie die Zielsetzung eine große Rolle in allen Phasen des selbstregulierten Lernens, da während der Lernhandlung der Plan gegebenenfalls verändert werden muss und nach der Lernhandlung der Plan reflektiert und bewertet wird. Sie können Ihre Schüler dabei direkt unterstützen, indem Sie z. B. die Formulierung eines Hausaufgabenplanes anleiten oder die Erstellung von Tagesplänen anregen. Sie können Ihre Schüler aber auch indirekt dabei unterstützen, indem Sie beim Vormachen der Herangehensweise an neue Aufgaben *laut denken,* das heißt Ihren impliziten Handlungsplan mit den Schülern teilen.

3.4.3 Methodische Analyse

Einstieg: Die Geschichte des Holzfällers
Lernziel: Erkennen, dass Planung mehr Zeit spart als sie kostet
Dauer: 15 Minuten
Sozialform: Vortrag, Plenum
Materialien: Geschichte *Der Holzfäller*

In dieser Sequenz soll den Teilnehmern anhand einer kurzen Geschichte die Relevanz der Planung bewusst gemacht werden. Lesen Sie den Teilnehmern die Geschichte *Der Holzfäller* nach Seiwert (1999) vor.

Der Holzfäller

Ein Holzfäller bekam an einem Freitag von einer Papierfabrik den Auftrag 16 Bäume zu fällen und diese am kommenden Dienstag in der Fabrik abzuliefern. Da er schon lange keinen Auftrag mehr erhalten hatte, freute er sich sehr und seine ganze Familie freute sich mit ihm, da nun die Geldsorgen erst mal behoben wären. Das Wochenende war gleich viel schöner als sonst, da der Holzfäller es nun ganz sorgenfrei genießen konnte und sich zum ersten Mal seit langer Zeit keinerlei Gedanken über die Arbeit machte.

Am Montag fuhr er dann in den Wald, um die Bäume zu fällen. Schnell stellte er fest, dass er sich ziemlich beeilen musste, um die Bäume am Dienstag pünktlich abgeben zu können. Ein Spaziergänger, der ihn so beobachtete, machte ihn dann darauf aufmerksam, dass seine Säge stumpf sei und er sie schärfen solle – dann ginge die Arbeit doch viel schneller! Der Holzfäller antwortete mürrisch und gestresst: »Ich habe keine Zeit, meine Säge zu schärfen, ich muss doch hier die Bäume fällen!« Er arbeitete weiter mit der stumpfen Säge, arbeitete die ganze Nacht hindurch und schaffte es gerade so, am Dienstag, völlig erledigt, seine 16 Bäume abzugeben.

Häufig ist es so, dass Menschen glauben keine Zeit für eine Handlungsplanung zu haben, denn zunächst muss natürlich Zeit investiert werden, die sich nicht unmittelbar auszahlt. Die Geschichte zeigt, dass die zeitliche Investition in die Planung dafür sorgen kann, dass im anschließenden Handlungsprozess viel Zeit eingespart wird. Arbeiten Sie diese Erkenntnis mit den Teilnehmern heraus. Fragen Sie sie außerdem, welche Aspekte der Holzfäller in seiner Planung hätte berücksichtigen können. Ziel ist es, die vier Planungsaspekte was, wie, wo und wann anhand der Geschichte zu erarbeiten. So hätte der Holzfäller zunächst überlegen müssen, was genau zu tun ist, um den Auftrag erfolgreich zu bearbeiten, und wie er das schaffen kann (z. B. durch geeignete Arbeitsmaterialien). Außerdem wären auch Überlegungen zum wann und wo hilfreich gewesen (z. B. früher anfangen, Überlegungen zum Waldstück, in dem die Bäume gefällt werden sollen).

Nehmen Sie im Anschluss die Einordnung der aktuellen Sequenz *Planung* in das Selbstregulationsmodell vor. Nutzen Sie dafür wieder eine Abbildung oder ein Tafelbild. Geben Sie anschließend einen Überblick über den Ablauf der Trainingsstunde zur Planung und nennen Sie die Lernziele der Trainingsstunde.

> Übung: Elemente der Planung
> Lernziele: Zeit, Umgebung und Lernstrategien als Elemente effektiver Lernplanung
> kennenlernen
> Dauer: 40 Minuten
> Sozialform: 4er-Gruppen, Präsentationen
> Materialien: S. 10 *Übung: Expertengruppen zur Planung,* S. 11 f. *Info: Zeitmanagement,* S. 13 *Info: Lernumgebung,* S. 14 *Info: Lernstrategien*

In einer Gruppenübung sollen sich die Teilnehmer anhand von drei Infotexten im Arbeitsheft (S. 11 f. *Info: Zeitmanagement,* S. 13 *Info: Lernumgebung,* S. 14 *Info: Lernstrategien*) selbst die einzelnen Bestandteile der Planung erarbeiten. Die drei zu bearbeitenden Themen sind: Zeitmanagement (Wann?), Umgebungsgestaltung (Wo?) und die Planung von Lernstrategien (Wie?).

Bilden Sie drei Gruppen und teilen Sie jeder Gruppe ein Thema zu. Die Teilnehmer sollen sich die Informationsblätter durchlesen, die wichtigsten Punkte herausgreifen und auf ein Poster schreiben. Zu den theoretischen Vorschlägen für Zeitmanagement, Umgebungsgestaltung oder Lernstrategien sollen Beispiele aus dem Alltag überlegt werden. Auf S. 10 des Arbeitsheftes finden die Teilnehmer die Instruktion unter *Übung: Expertengruppen zur Planung.*

Für das Durchlesen und das Anfertigen des Posters sind 20 Minuten eingeplant. Gehen Sie in dieser Arbeitsphase im Raum herum und unterstützen Sie die Teilnehmer bei der Erarbeitung der theoretischen Inhalte und dem Finden von Beispielen.

Anhand des Posters sollen die Kleingruppen im Anschluss ihre Ergebnisse vor dem Plenum präsentieren. Wichtige Hinweise zur gelungenen Umsetzung dieser Methode finden die Teilnehmer auf dem Instruktionsblatt im grauen Kasten. Wenn sich die Gruppe dennoch mit dem Präsentieren schwer tut, können Sie die Ergebnisse auch im Plenum für die Teilnehmer zusammentragen. So kann die möglicherweise unangenehme und beängstigende Situation, vor der Gruppe stehen zu müssen, vermieden werden.

Besprechen Sie die Ergebnisse, falls notwendig, noch einmal kurz nach. So wertschätzen Sie die Leistung der Kleingruppen und vergewissern sich außerdem, dass die Strategien richtig verstanden wurden. Für die Präsentation bzw. das Zusammentragen der Ergebnisse der einzelnen Gruppen sind ebenfalls 20 Minuten eingeplant.

> **Übung: Die Säge schärfen!**
> Lernziel: Nahziele durch effektive Planung erreichbar machen
> Dauer. 20 Minuten
> Sozialform: Einzelarbeit, Plenum
> Materialien: S. 15 *Zu dir: Schärfe deine Säge!*

In der vorherigen Trainingssitzung zur Zielsetzung haben sich die Teilnehmer neben einem Fernziel auch zwei Nahziele gesetzt. Nun können sie auch einen Plan zu diesen Nahzielen erstellen. Die Teilnehmer sollen in Einzelarbeit überlegen, wie viel Zeit sie wann investieren wollen, welche Lernstrategien sie einsetzen, wie sie ihre Lernumgebung gestalten und ob sie weitere Strategien brauchen, die eine Umsetzung erleichtern. Die Instruktion befindet sich im Arbeitsheft auf S. 15 unter *Zu dir: Schärfe deine Säge!*. Die Teilnehmer haben hierfür zehn Minuten Zeit.

Besprechen Sie auch diese Übung im Plenum gründlich nach. Fragen Sie die Teilnehmer nach Schwierigkeiten im Planungsprozess und versuchen Sie diese gemeinsam zu lösen. Fragen Sie auch, ob sich durch die Planung etwas an der wahrgenommenen Erreichbarkeit des Zieles geändert hat.

> **Abschluss: Wiederholung, Erkenntnisse und Blitzlicht**
> Lernziele: Inhalte festigen, Sitzung selbst zusammenfassen
> Dauer: 15 Minuten
> Sozialform: Plenum, Einzelarbeit
> Materialien: S. 15 *Halte deine Erkenntnisse fest!*

An dieser Stelle sollen die Inhalte der Stunde durch Sie oder die Schüler zusammengefasst werden. Besonders wichtig zu erwähnen ist hier die Relevanz der Planung zur Zielerreichung. Auf S. 15 des Arbeitsheftes unter *Halte deine Erkenntnisse fest!* notiert dann jeder Teilnehmer die drei wichtigsten Erkenntnisse der aktuellen Sitzung für sich. Im anschließenden Blitzlicht bewertet jeder Schüler kurz die Trainingssitzung.

3.4.4 Geplanter Stundenverlauf

Nachfolgend ist der geplante Stundenverlauf tabellarisch dargestellt.

Trainingssitzung 4: Planung und Zeitmanagement – 90 Minuten

Dauer	Inhalt	Lernziele	Sozialform	Materialien
15 Min.	Einstieg: Die Geschichte des Holzfällers	• Erkennen, dass Planung mehr Zeit spart als sie kostet	Vortrag, Plenum	• Geschichte *Der Holzfäller*
40 Min.	Übung: Elemente der Planung	• Zeit, Umgebung und Lernstrategien als Elemente effektiver Lernplanung kennenlernen	4er-Gruppen, Präsentationen	• S. 10 *Übung: Expertengruppen zur Planung* • S. 11–12 *Info: Zeitmanagement* • S. 13 *Info: Lernumgebung* • S. 14 *Info: Lernstrategien*
20 Min.	Übung: Die Säge schärfen!	• Nahziele durch effektive Planung erreichbar machen	Einzelarbeit, Plenum	• S. 15 *Zu dir: Schärfe deine Säge!*
15 Min.	Abschluss: Wiederholung, Erkenntnisse und Blitzlicht	• Inhalte festigen • Sitzung selbst zusammenfassen	Plenum, Einzelarbeit	• S. 15 *Halte deine Erkenntnisse fest!*

3.4.5 Tipps

Bei der Vorbereitung dieser Trainingssitzung kamen Zweifel auf, ob die Geschichte *Der Holzfäller* zum Einstieg wirklich geeignet sei. Bei der Erprobung im Unterricht hörten die Schüler jedoch aufmerksam zu und es entwickelte sich eine ernsthafte und lebhafte Diskussion über die Schwierigkeiten und die Bedeutung der Planung. Es zeigte sich, dass die Relevanz des Themas den Schülern bewusst geworden war. Offensichtlich hilft die Identifikation mit einer Projektionsfigur, sehr kreative Lösungen zu entwickeln. Regen Sie Schüler in der Diskussion explizit an, das Planungsverhalten des Holzfällers auf sich selbst zu übertragen und Parallelen oder Unterschiede festzustellen.

3.5 Trainingssitzung 5: Selbstmotivation

In den vorherigen Wochen haben die Teilnehmer bereits einen eigenen Bezug zum Selbstregulationsmodell hergestellt, indem sie über ihre Werte nachgedacht, sich ein Ziel gesetzt und die Elemente sinnvoller Zeit- und Strategieplanung kennengelernt haben. Diese Trainingssitzung knüpft daran an, indem Möglichkeiten der Motivationsregulation und Strategien gegen das Aufschieben aufgezeigt werden.

3.5.1 Lernziele

Die Lernziele der Trainingssitzung sind:
- Strategien zur Selbstmotivation und gegen das Aufschieben kennenlernen
- Strategien in eigenen Plan einarbeiten

3.5.2 Sachanalyse

Motivation als *treibende Kraft* ist entscheidend für den Lernerfolg

Der Motivation wird eine große Bedeutung im Lernprozess zugesprochen, da diese ein vergleichsweise einfach zu beeinflussendes Merkmal ist (Spinath, 2006) und auch in allen drei Lernphasen des selbstregulierten Lernens eine wichtige Rolle spielt. Darüber hinaus ist die Motivation im Vergleich zu kognitiven Fähigkeiten der stärkere Prädiktor für den Lernerfolg. So haben Colquitt, LePine und Noe (2000) viele Studien zu dieser Fragestellung untersucht. Solche sogenannten Meta-Analysen führen zu allgemeineren und gültigen Ergebnissen. Aus 106 Studien in einem Zeitraum von 30 Jahren wurden die Ergebnisse u. a. zu folgender Frage zusammengefasst: Wie wirken sich Lernmotivation und kognitive Fähigkeiten (das heißt Intelligenz) auf das Lernergebnis aus? Das Ergebnis der statistischen Analyse war, dass Lernmotivation alles in allem das Lernergebnis besser vorhersagt als die kognitiven Fähigkeiten. Für ein gutes Lernergebnis ist demnach die Lernmotivation entscheidender als es die kognitiven Fähigkeiten des Lerners sind. Das lässt sich u. a. darauf zurückführen, dass Motivation darüber bestimmt, ob wir eine Handlung überhaupt beginnen, wie viel Zeit wir darauf verwenden und wie intensiv wir eine Handlung betreiben. Die Motivation spielt in der Phase vor dem Lernen eine große Rolle, da sie darüber entscheidet, ob der Plan zur Zielerreichung umgesetzt wird. Außerdem hängt die Motivation eng mit der Zielsetzung zusammen. Wenn wir kein positiv bewertetes Ziel vor Augen haben, entwickeln wir auch keine treibende Kraft, das heißt keine Motivation, die uns dorthin führt. Da es uns nicht immer möglich ist, in höchstem Maße motiviert zu sein, ist es besonders im akademischen Kontext wichtig, über Strategien zu verfügen, mit denen wir uns selbst motivieren können.

Unterscheidung von extrinsischer und intrinsischer Motivation

Es wird allgemein unterschieden zwischen extrinsischer (von außen) und intrinsischer Motivation (aus der Sache heraus). Extrinsische Motivation erwächst z. B. durch die Aussicht auf Belohnung. Intrinsische Motivation hingegen entsteht z. B. durch Spaß oder Interesse an der Handlung beim spielerischen Lernen oder einem totalen Aufgehen in einer Handlung, was in einem sogenannten Flow-Zustand enden kann. Dabei ist die Person maximal auf die Aufgabe fokussiert, vergisst die Zeit und die Arbeit geht ihr scheinbar mühelos von der Hand (Csikszentmihalyi, 2008). Über extrinsische Anreize kann langfristig intrinsische Motivation entstehen. Diese Unterscheidung kann besonders hilfreich sein, wenn es Lernern nicht gelingt, Interesse oder Spaß an einem bestimmten Thema zu entwickeln. Ein Beispiel für die Anwendung einer intrinsischen Motivationsstrategie ist: »Geschichte hat mich bis jetzt immer interessiert. Auch wenn mich das neue Thema nicht so anspricht wie die bisherigen, wird es das nach kurzem Einlesen sicher tun.«. Ein Beispiel für eine extrinsische Motivationsstrategie ist: »Wenn ich die Geschichtshausaufgaben erledigt habe, werde ich mich belohnen, indem ich mich mit meinen Freundinnen treffe.« Extrinsische Motivation kann dazu verhelfen, unliebsame Tätigkeiten auszuführen und möglicherweise im Zuge dessen Erfolg zu erleben und daraus intrinsische Motivation zu entwickeln.

Aus diesen Gründen werden im Folgenden Strategien zur Herstellung intrinsischer und auch extrinsischer Motivation vorgestellt.

Motivationsstrategien

Es bedarf eines positiven Zielzustandes, damit sich die Motivation entwickeln kann, diesen erreichen zu wollen. Besonders sinnvoll ist es, den Fortschritt an Teilzielen zu überprüfen, um schneller **Denken Sie an das Ziel!** Erfolge und ein Vorankommen zu ermöglichen. Außerdem kann man sich die Beweggründe für das gewählte Ziel vergegenwärtigen, um sich selbst an die Wichtigkeit des Zieles zu erinnern. Um die emotionale Attraktivität des Zieles als Motivationshilfe zu nutzen, stellt man sich am besten das gute Gefühl und die Anerkennung vor, die man bei der Zielerreichung erhalten wird.

Diese Strategie ist besonders wirkungsvoll, wenn die Belohnung bereits vor der Handlung überlegt wird. Diese sollte aus einer posi- **Belohnen Sie sich selbst!** tiv bewerteten Tätigkeit bestehen, die man sich sonst nicht gönnen würde (z. B. ein Stück Kuchen essen, etwas Schönes kaufen etc.) oder die einen sonst vom Lernen abhält (z. B. telefonieren, im Internet surfen etc.).

Hierbei geht es darum Aspekte der Lernhandlung herauszusuchen, von denen man weiß, dass sie einem leicht von der Hand **Fokussieren Sie das Schöne an der Tätigkeit!** gehen oder sogar Spaß machen. In fast jeder Lernhandlung lassen sich solche Teiltätigkeiten ausmachen. So kann man z. B. bei einem Geschichtstext einen besonderen Fokus auf das Merken der Jahreszahlen und der damit verknüpften Inhalte setzen oder beim Lernen von Vokabeln besonders komplizierte und/oder lustige Beispielsätze formulieren, wenn diese Teilaspekte der Lernhandlung ansprechend sind.

Das Interesse an einem Thema, das behandelt werden soll, ist nicht immer sofort da. Um dieses zu wecken sollte man vor allem den Bezug zum bereits vor-

Wecken Sie Ihr Interesse! handenen Wissen herstellen. Wichtige Fragen sind: Was weiß ich schon über das Thema? Wie passt das neue Wissen zu dem, was ich schon wusste? Auch neugieriges Fragen hilft, Interesse zu wecken. Hier helfen Fragen wie: Warum ist das so? Wo und wie kann ich das anwenden? Eröffnet mir dieses Wissen vielleicht neue Beschäftigungsmöglichkeiten?

Sprechen Sie sich Mut zu! Neben der Vergegenwärtigung vergangener Erfolge ist es hilfreich, sich in »Selbstgesprächen« daran zu erinnern und sich direkt Mut zuzusprechen, z. B. indem man sagt »Das schaffst du schon! Du stehst nicht zum ersten Mal vor so einer schwierigen/langweiligen Aufgabe. Es wäre gelacht, wenn du das nicht schaffen würdest!«

Visualisieren Sie Erfolge! Erfolgserlebnisse haben eine größere Wirkung, wenn sie visualisiert werden. Dies kann man z. B. mit To-do-Listen machen. Neben ihren planerischen Vorteilen haben sie auch den motivationalen Vorteil, dass sie eine Visualisierung des Fortschritts ermöglichen, indem man erledigte Aufgaben durchstreicht oder abhakt. Auch Tage, an denen das Lernen gut geklappt hat, können im Kalender an- oder durchgestrichen werden.

Strategien gegen das Aufschieben

Ein besonderes Problem im Bereich der Motivation ist das Aufschieben. Aufschiebeverhalten wird als ein Problem der volitionalen (das bedeutet willentlichen) Motivationskontrolle angesehen, da hierbei geplante Handlungen auf einen späteren Zeitpunkt verschoben oder vollständig unterlassen werden (Dewitte & Lens, 2000). In einer Vielzahl von Studien konnte immer wieder belegt werden, dass Aufschiebeverhalten im schulischen und akademischen Kontext mit schlechteren Leistungen einhergeht (z. B. Steel, Brothen & Wambach, 2001). Mit folgenden drei Schritten kann man dem Aufschieben begegnen:

Suchen Sie Gründe! Das kritische Prüfen der Gründe, aus denen man aufschiebt, ermöglicht zwischen echten und vorgeschobenen Gründen zu unterscheiden. Mögliche Fragen hierfür sind: Warum schiebe ich immer wieder auf? Habe ich kein Interesse für das Fach? Habe ich zu wenig Energie? Habe ich Angst es nicht zu schaffen? Wie ist meine Prioritätensetzung?

Überlegen Sie sich die Folgen! Das Bewusstmachen der möglichen Konsequenzen der tatsächlichen Unterlassung einer Aufgabenerledigung und die Bewertung dieser Konsequenzen können helfen, die Prioritäten überhaupt einmal oder neu anzuordnen.

Sind die Prioritäten klar und steht eine länger aufgeschobene Aufgabe nun tatsächlich an, ist es geschickt, sich den Anfang zu erleichtern, um nicht erneut einen Misserfolg durch das wiederholte Aufschieben zu erfahren. Folgende Strategien erleichtern das Anfangen: Gliedern Sie große Aufgaben in Teilaufgaben und fertigen Sie für deren Erledigung einen realistischen Zeitplan an. Dadurch werden Erfolge wieder möglich und das schlechte Gewissen, das häufig durch das Aufschieben entsteht, kann nach und nach abgebaut werden.

> Erleichtern Sie sich das Anfangen und Durchhalten!

Beginnen Sie mit dem ersten kleinen Schritt, auch wenn es sich erst einmal nur um z. B. 30 Minuten Arbeit handelt. Die Wahrscheinlichkeit nach dieser Zeit an der Aufgabe dranzubleiben ist höher, als wenn man die Aufgabe gar nicht erst in Angriff nimmt.

Fangen Sie mit einer angenehmen Aufgabe an, gehen Sie dann die unangenehme aufgeschobene Aufgabe an und dann wieder eine angenehme Aufgabe, um Variation in die Arbeitsphase zu bringen.

Schaffen Sie Verbindlichkeit, z. B. indem Sie Verträge mit sich oder anderen abschließen, eine bestimmte Aufgabe zu beginnen oder das Ergebnis an einem bestimmten Tag abzuliefern, um die eigenen Vorsätze auch nach außen zu tragen.

Machen Sie sich die Erledigung einer bestimmten Aufgabe zum Kriterium eines gelungenen Tages, um zumindest eine Aufgabe zu priorisieren und damit ein Erfolgserlebnis realisieren zu können, das wiederum motiviert.

3.5.3 Methodische Analyse

Einstieg: Wovon hängt Lernerfolg ab?
Lernziel: Erkennen, dass Lernmotivation wichtiger ist als alle anderen Faktoren wie z. B. Intelligenz
Dauer: 10 Minuten
Sozialform: Vortrag, Plenum
Materialien: –

Für den inhaltlichen Einstieg in das Thema der Sitzung können Sie mit den Teilnehmern ein Brainstorming zu Erfolgsfaktoren durchführen. Fragen Sie, welche Faktoren nach Meinung der Schüler Erfolg in der Schule oder auch im Beruf ausmachen. Sammeln Sie die Faktoren an der Tafel und fordern Sie die Teilnehmer anschließend auf, die Faktoren in eine Rangreihe zu bringen. Welcher Faktor beeinflusst schulischen Erfolg am meisten? Welcher kommt danach? Die Teilnehmer ordnen die Motivation häufig selbst als Schlüsselfaktor für Erfolg ein.

Berichten Sie im Anschluss an dieses Brainstorming das erstaunliche Ergebnis der Studie von Colquitt, LePine und Noe (2000). Hierfür können Sie die Studie kurz erläutern und mit dem Ergebnis entweder die soeben gebildete Rangreihe der Erfolgsfaktoren untermauern oder aber einen neuen Aspekt aufwerfen und die Teilnehmer damit überraschen. Durch das Brainstorming und das Studienergebnis soll die Relevanz der Motivation nicht nur für die eigene Freude an der Handlung, sondern auch die Qualität des Lernergebnisses deutlich werden.

Anschließend wird die Relevanz der Motivation auch anhand des Selbstregulationsmodells verdeutlicht, da diese in der präaktionalen Phase über den Beginn der aktionalen Phase entscheidet und wiederum vom Ergebnis der letzten postaktionalen Phase abhängig ist. Abschließend können die Lernziele der Sitzung benannt werden.

> **Übung: Erfahrungsaustausch und Theorie zu Motivationsstrategien**
> **Lernziel: Selbstmotivationsstrategien kennenlernen**
> **Dauer: 35 Minuten**
> **Sozialform: Plenum, Vortrag**
> **Materialien: S. 16** *Info: Motivation suchen und finden,* **Flipchart**

Nachdem die Relevanz der Motivation nun klar ist, fragen Sie die Teilnehmer nach ihren Erfahrungen mit der Motivation. Fragen zur Anregung einer Diskussion können sein: Wie ist es um eure Motivation bestellt? Seid ihr immer motiviert? Wann seid ihr es? Und wann seid ihr es nicht? Wie geht ihr damit um?

Ziel dieser Sequenz ist es zum einen konkrete Beispiele aus dem Leben der Teilnehmer zu finden und so einen persönlichen Bezug zu schaffen. Zum anderen sollen im Anschluss an den Erfahrungsaustausch auch Strategien gesammelt werden, die von den Teilnehmern schon eingesetzt werden, um das vorhandene Wissen der Schüler zu aktivieren und nutzbar zu machen. Der Übergang vom Erfahrungsaustausch zur Sammlung der Strategien kann fließend sein. Sammeln Sie die von den Teilnehmern bereits eingesetzten Motivationsstrategien am Flipchart (oder an der Tafel). Fordern Sie die Teilnehmer auf, ihre Strategien auch mit Beispielen zu erklären: Wann wird die Strategie eingesetzt? In welchen Situationen ist sie hilfreich? Wie funktioniert sie?

Im Anschluss an diese Sammlung können Sie weitere Selbstmotivationsstrategien besprechen. Nutzen Sie dafür den Infotext auf S. 16 des Arbeitsheftes unter *Info: Motivation suchen und finden.* Bereits ausführlich durch die Teilnehmer erläuterte Strategien können dabei auch nur kurz angerissen werden. Noch nicht erwähnte Strategien sollten länger besprochen werden.

Übung: Strategien auswählen
Lernziel: Passende Strategie für eigene Zielerreichung identifizieren
Dauer: 5 Minuten
Sozialform: Einzelarbeit
Materialien: S. 16 *Info: Motivation suchen und finden*

Die Teilnehmer sollen sich nun in Einzelarbeit je zwei bis drei für sie passende Strategien aus dem Infotext auf S. 16 des Arbeitsheftes unter *Info: Motivation suchen und finden* bzw. von der Sammlung am Flipchart aussuchen. Ziel der Sitzung ist nicht, dass jeder Teilnehmer immer jede Strategie anwendet, denn sie sind bei unterschiedlichen Personen in unterschiedlichen Situationen auch unterschiedlich wirksam. Daher ist die individuelle Passung wichtig. Die ausgewählten Strategien werden später in den Plan zur Zielerreichung integriert. Eine Nachbesprechung dieser Sequenz ist daher nicht notwendig.

Theorie: Aufschieben
Lernziel: Strategien gegen das Aufschieben kennenlernen
Dauer: 15 Minuten
Sozialform: Vortrag, Plenum
Materialien: S. 17 *Fallbeispiel: Anna schiebt auf*, S. 18 *Info: Strategien gegen Aufschieben*

Der nächste Teil der Trainingsstunde widmet sich einer besonderen motivationalen Problematik: dem Aufschieben. Anhand des Textes *Fallbeispiel: Anna schiebt auf* von S. 17 des Arbeitsheftes suchen Sie gemeinsam mit den Schülern mögliche Strategien gegen das Aufschieben.

In diesem Fallbeispiel schiebt die fiktive Schülerin Anna das Lernen für das Fach Mathematik auf. Anschließend überlegt sie sich die Gründe für ihr Verhalten, die Konsequenzen dieses Verhaltens und beschließt mit den Aufgaben anzufangen. Den Anfang erleichtert sie sich damit, dass sie sich einen Zeitplan für Teilaufgaben macht, sich das gute Gefühl am Ende des Weges vorstellt und einfach mal mit der Aufgabe beginnt, um reinzukommen. Lesen Sie das Fallbeispiel vor oder lassen Sie es vorlesen. Leiten Sie dann die Sammlung von Strategien gegen das Aufschieben an: Welche Strategien habt ihr erkannt? Was von dem, was Anna gemacht hat, hat ihr geholfen?

Nachdem die Strategien gesammelt sind, untermauern Sie diese noch mal theoretisch mithilfe des Infotextes auf S. 18 im Arbeitsheft unter *Info: Strategien gegen Aufschieben.* Gehen Sie gemeinsam mit den Teilnehmern die drei Schritte gegen das Aufschieben durch und regen Sie Diskussionen an.

> **Übung: Sich selbst motivieren**
> **Lernziel:** Geeignete Strategien in eigenen Plan zur Zielerreichung einbauen
> **Dauer:** 10 Minuten
> **Sozialform:** Einzelarbeit, gegebenenfalls Plenum
> **Materialien:** S. 19 *Zu dir: Motiviere dich selbst!*

Damit die Teilnehmer die erarbeiteten Selbstmotivationsstrategien und Strategien gegen das Aufschieben für sich nutzen können, sollen sie nun die vorgestellten und ausgewählten Strategien in ihren Plan zur Zielerreichung auf S. 19 des Arbeitsheftes unter *Zu dir: Motiviere dich selbst!* einbauen.

An dieser Stelle sollten Sie noch einmal betonen, dass es sinnvoll ist, diejenigen Strategien einzuplanen, die dem jeweiligen Schüler persönlich mit großer Wahrscheinlichkeit helfen. Dabei sollte aber auch eine gewisse Offenheit gewahrt bleiben, neue und vielversprechende Strategien auszuprobieren.

Vergewissern Sie sich in jedem Fall, dass es keine Fragen der Schüler zu den einzelnen Motivationsstrategien mehr gibt. Wenn die Zeit ausreicht und die Bereitschaft bei den Teilnehmern da ist, können auch Beispiele vorgestellt und diskutiert werden.

> **Abschluss: Wiederholung, Erkenntnisse und Blitzlicht**
> **Lernziel:** Inhalte festigen, Sitzung selbst zusammenfassen
> **Dauer:** 15 Minuten
> **Sozialform:** Plenum, Einzelarbeit
> **Materialien:** S. 19 *Halte deine Erkenntnisse fest!*

Fassen Sie zuletzt die Inhalte der Stunde gemeinsam mit den Teilnehmern zusammen. Besonders wichtig zu erwähnen sind hier die vorgestellten Strategien zur Motivationsregulation und die drei Schritte zur Vermeidung von Aufschiebeverhalten. Auf S. 19 des Arbeitsheftes unter *Halte deine Erkenntnisse fest!* notiert dann jeder Teilnehmer die drei für sich wichtigsten Erkenntnisse der aktuellen Sitzung. Im Blitzlicht wird wieder jeder Schüler gebeten, die Trainingssitzung einzuschätzen.

3.5.4 Geplanter Stundenverlauf

Nachfolgend ist der geplante Stundenverlauf tabellarisch dargestellt.

Trainingssitzung 5: Selbstmotivation – 90 Minuten

Dauer	Inhalt	Lernziele	Sozialform	Materialien
10 Min.	Einstieg: Wovon hängt Lernerfolg ab?	• Erkennen, dass Lernmotivation wichtiger ist als alle anderen Faktoren wie z.B. Intelligenz	Vortrag, Plenum	
35 Min.	Übung: Erfahrungsaustausch und Theorie zu Motivationsstrategien	• Selbstmotivationsstrategien kennenlernen	Plenum, Vortrag	• S. 16 *Info: Motivation suchen und finden* • Flipchart
5 Min.	Übung: Strategien auswählen	• Passende Strategie für eigene Zielerreichung identifizieren	Einzelarbeit	• S. 16 *Info: Motivation suchen und finden*
15 Min.	Theorie: Aufschieben	• Strategien gegen das Aufschieben kennenlernen	Vortrag, Plenum	• S. 17 *Fallbeispiel: Anna schiebt auf* • S. 18 *Info: Strategien gegen Aufschieben*
10 Min.	Übung: Sich selbst motivieren	• Geeignete Strategien in eigenen Plan zur Zielerreichung einbauen	Einzelarbeit, ggf. Plenum	• S. 19 *Zu dir: Motiviere dich selbst!*
15 Min.	Abschluss: Wiederholung, Erkenntnisse und Blitzlicht	• Inhalte festigen • Sitzung selbst zusammenfassen	Plenum, Einzelarbeit	• S. 19 *Halte deine Erkenntnisse fest!*

3.5.5 Tipps

In dieser Sitzung entschieden sich die Schüler nicht nur das Fallbeispiel *Jenny* zu bearbeiten, sondern auch eigene Erfahrungen mit dem Aufschieben zu berichten und zu diskutieren. In der Erprobung war das eine der lebhaftesten Trainingssitzungen. Die Diskussion der eigenen Erfahrungen mit dem Aufschieben wurde in das vorliegende Stundenkonzept integriert. Unterstützen Sie diese Diskussion wie in der Sequenz beschrieben – so können Sie im weiteren Verlauf hervorragend auf Vorwissen der Schüler aufbauen!

3.6 Trainingssitzung 6: Selbst-Monitoring

In den vorherigen Wochen haben die Teilnehmer bereits einen eigenen Bezug zum Selbstregulationsmodell hergestellt, indem sie über ihre Werte nachgedacht, sich ein Ziel gesetzt, die Elemente sinnvoller Zeit- und Strategieplanung, sowie Möglichkeiten sich selbst zu motivieren, kennengelernt haben. Diese Trainingssitzung knüpft daran an, indem die Überwachung des Lernprozesses, das Monitoring und die daraus folgende Regulation thematisiert werden.

3.6.1 Lernziele

Die Lernziele der Trainingssitzung sind:
- Effekte von Selbst-Monitoring kennenlernen
- eigenes Lernverhalten beobachten und anpassen lernen

3.6.2 Sachanalyse

Monitoring meint das Überwachen der gerade ausgeführten Handlung. Ein spezifisches Ziel und ein detaillierter Plan helfen uns nicht, wenn wir während der Handlung nicht bemerken, dass der Plan uns nicht zum gewünschten Ziel führt oder wir nicht über

Monitoring beschreibt die Überwachung der Lernhandlung

die benötigten Strategien verfügen, um das Ziel zu erreichen. Bei einfachen und wenig zeitaufwendigen Handlungen reicht es durchaus, nach der Ausführung zu reflektieren. Aber bei komplexen Handlungen, die aus mehreren zeitaufwendigen Schritten bestehen, ist es essenziell wichtig, uns während der Ausführung zu fragen, ob wir in Hinblick auf unser Ziel noch auf dem richtigen Weg sind. Werden eigene Handlungen nicht registriert, kann auch nicht bewertet werden, ob ein Ziel zufriedenstellend erreicht wurde (Landmann, 2005). Beobachtet man sich während des Lernprozesses hingegen selbst, kann man bei Abweichungen vom Zielverhalten direkt gegensteuern und so eine Veränderung in den Strategien, Gedanken, Emotionen und dem Verhalten bewirken (Schunk & Ertmer, 2000).

Diese Überwachung hilft uns zu entscheiden, ob die eingesetzten Strategien tatsächlich die richtigen sind, um unser Ziel zu erreichen, oder ob unser Ziel das richtige für uns ist. Die Folgen könnten ein veränderter Plan oder ein verändertes Ziel sein. So können wir noch während der Handlung flexibel reagieren, um trotz möglicher Fehlplanungen unsere Handlung so effektiv wie möglich fortzuführen.

Monitoring kann unterschiedlich aufwendig betrieben werden. So kann es sich dabei um zwei bis drei kurze Fragen handeln, die während der Handlung wiederholt beantwortet werden. Ein Schüler könnte sich bei der Hausaufgabenbearbeitung z. B. fragen: »Bin ich noch konzentriert oder brauche ich eine Pause? Reichen mir die Informationen aus dem Schulbuch oder muss ich online noch mal

Allein durch Monitoring kann eine Verhaltensänderung erreicht werden (Reaktivitätseffekt)

nachsehen?« Es kann sich aber auch um aufwendige Fragenkataloge handeln, die zeitnah beantwortet werden und gleichzeitig die Reflexion in der Phase nach dem Lernen fördern, sogenannte Lerntagebücher. Der Einsatz solcher strukturierter Lerntagebücher hat sich etabliert, da sie zur kontinuierlichen Selbstbeobachtung, Dokumentation und Reflexion von Lernprozessen anleiten. Besonders gut kann die Reflexion durch offene Fragen angeregt werden. Diese lassen dem Schüler am meisten Spielraum für eigene Gedanken und Schlussfolgerungen. Die Effektivität von Lerntagebüchern zur Förderung des selbstregulierten Lernens im schulischen und universitären Kontext wurde von mehreren Studien belegt (z. B. Perels, Schmitz & Bruder, 2003; Schmitz & Perels, 2011). Der vielfach nachgewiesene Reaktivitätseffekt besagt, dass allein die Beobachtung des eigenen Verhaltens zu einer Verhaltensänderung in die gewünschte Richtung führen kann. Die tägliche, strukturierte und inhaltlich konkrete Erinnerung an die Inhalte des Trainings fördert deren praktische Einübung und Umsetzung.

Darüber hinaus ist zu erwarten, dass der Lerner durch die tägliche Zielsetzung angeregt wird, regelmäßiger zu lernen. Dies ist besonders bedeutsam für unregelmäßige Lerner oder wenn es um Tätigkeiten geht, die man ohne das Tagebuch nur unbeständig ausführen würde (z. B. konsequentes Arbeiten an langfristigen Zielen). Das Tagebuch dient in diesem Fall als Möglichkeit der strukturierten Selbstdisziplinierung und -motivierung.

3.6.3 Methodische Analyse

Übung: Aufmerksamkeit überwachen Teil I
Lernziel: Reaktivitätseffekt vorbereiten
Dauer: 5 Minuten
Sozialform: Vortrag
Materialien: Instruktion *Beobachtungsaufgabe,* Notizblatt

Beginnen Sie diese Sitzung mit der Instruktion für eine Übung, bei der die Teilnehmer das Monitoring direkt in der Trainingsstunde betreiben sollen.

Beobachtungsaufgabe

Beobachtet, wie oft ihr während der Stunde abschweift oder unkonzentriert seid und führt eine Strichliste! Notiert die Striche von Anfang bis Mitte der Stunde auf der linken Seite und die Striche von Mitte bis Ende der Stunde auf der rechten Seite.

Vor Ende der Stunde wird das Ergebnis nachbesprochen. Ziel der Übung ist die Veranschaulichung bzw. das Erleben der Effekte des Selbst-Monitorings. Erklären Sie dieses Ziel den Teilnehmern jedoch noch nicht jetzt, damit sie es selbst entdecken können!

Einstieg: Zitate zur Beobachtung
Lernziele: Erkennen, dass die Beobachtung des eigenen Verhaltens einen besseren Überblick ermöglicht

Dauer: 5 Minuten
Sozialform: Plenum
Materialien: Zitate *Beobachtung*

Den Einstieg in diese Trainingssitzung bilden die Zitate zweier Literaten (Busch, 1923; Tolle, 2000) zum Thema Beobachten:

»Wer zusieht, sieht mehr, als wer mitspielt.«

»Durch Selbstbeobachtung kommt automatisch mehr Gegenwärtigkeit in dein Leben. In dem Moment, wo du erkennst, dass du nicht in der Gegenwart bist, bist du gegenwärtig.«

Mit dem Plenum gilt es hier herauszuarbeiten, was diese Zitate mit dem Lernprozess zu tun haben und welche Aspekte und auch Vorteile des Selbst-Monitorings die Teilnehmer ansprechen. Diese sind im Zitat von Wilhelm Busch die Erkenntnisse über den eigenen Lernprozess, die man erst durch die Beobachtung gewinnt. Im Zitat von Eckhart Tolle wird deutlich, dass Selbstbeobachtung uns automatisch dorthin zurückbringt, wo wir sein sollten.

Zeigen Sie anschließend die Relevanz des Selbst-Monitorings anhand des Selbstregulationsmodells auf. Selbst-Monitoring verhindert in der aktionalen Phase, dass der Lernprozess ohne Erfolg in die postaktionale Phase übergeht. Nennen Sie die Lernziele der Sitzung.

Übung: Erfahrungsaustausch Selbst-Monitoring
Lernziel: Potenzial des bisherigen Selbst-Monitoring entdecken
Dauer: 15 Minuten
Sozialform: Plenum
Materialien: –

Beginnen Sie zunächst eine Diskussion mit den Teilnehmern über deren bisherige Erlebnisse mit Selbst-Monitoring. Regen Sie die Diskussion z. B. mit folgenden Fragen an: Wie beobachtet ihr euer Lernverhalten? Macht ihr euch Notizen dazu (z. B. über den Lernfortschritt bei der Vorbereitung auf Klausuren)? Wie merkt ihr, dass ihr nicht mehr bei der Sache seid? Wenn ihr das bemerkt, wie geht ihr dann damit um? Was bringt es euch, wenn ihr euch beim Lernen beobachtet? Möglicherweise sind diese Fragen für die Schüler ungewöhnlich und das Antworten fällt ihnen schwer. Lassen Sie sich davon nicht beirren und fragen Sie weiter nach, wie die Schüler ihren Lernfortschritt überwachen. Fassen Sie die Aussagen der Teilnehmer anschließend zusammen und halten Sie fest, dass die Schüler bereits

Selbst-Monitoring betreiben (wenn auch in kleinerem Rahmen) und dass strukturiertes Beobachten einen noch besseren Überblick verschaffen kann.

> Übung: Lerntagebuch erstellen
> Lernziele: Subjektiv hilfreiches Lerntagebuch erstellen, Motivation zur Nutzung erhöhen
> Dauer: 30 Minuten
> Sozialform: Vortrag, Einzelarbeit, Plenum
> Materialien: S. 20 *Zu dir: Erstelle dein Lerntagebuch!*, S. 21–23 *Beispiele Lerntagebuch*

Geben Sie den Teilnehmern in dieser Sequenz die Gelegenheit, sich ein eigenes Lerntagebuch zu erstellen, das ihren persönlichen Anforderungen und Wünschen entspricht. Der Vorteil ist, dass ein selbst gestaltetes Lerntagebuch auf die eigenen Bedürfnisse zugeschnitten werden kann, sodass ein Nutzen des Tagebuchs wahrgenommen und mit höherer Wahrscheinlichkeit eingesetzt wird.

Lerntagebücher können sehr individuell gestaltet werden. Für manche Menschen sind offene, zur Reflexion anregende Fragen hilfreich, andere kreuzen gern an oder haken ab. Auch die Länge des Lerntagebuchs kann von Person zu Person ganz unterschiedlich sein. Auch der Einsatz des persönlichen Lerntagebuchs muss reflektiert erfolgen. So sollten die Schüler Antworten auf folgende Fragen finden: Welche Form müsste so ein Lerntagebuch für mich haben, damit ich davon profitieren könnte? Wann würde ich es ausfüllen? Würde ich es für ein bestimmtes Fach ausfüllen? Damit die Teilnehmer in die Lage kommen, sich selbst ein Tagebuch zu gestalten, stehen ihnen zwei Beispiele für Lerntagebücher im Arbeitsheft (S. 21–23 *Beispiele Lerntagebuch*), sowie ein Fragenpool und Informationen zu den verschiedenen Ausfüllmodalitäten (S. 20 *Zu dir: Erstelle dein Lerntagebuch!*) zur Verfügung. Hierfür sind 20 Minuten eingeplant.

Nach der Einzelarbeit sollen im Plenum die Varianten der selbst erstellten Tagebücher vorgestellt werden, um anderen Teilnehmern weitere Anregungen zu geben und mögliche Fragen zu klären. Fassen Sie während der Vorstellungsrunde die Beiträge der Teilnehmer wertschätzend zusammen.

> Übung: Aufmerksamkeit überwachen Teil II
> Lernziel: Reaktivitätseffekt erkennen
> Dauer: 15 Minuten
> Sozialform: Plenum
> Materialien: Notizblatt, S. 24 *Info: Selbst-Monitoring im Unterricht und beim Lernen*

In dieser Diskussionsrunde werden die Ergebnisse der zu Beginn der Trainingssitzung instruierten Selbst-Monitoring-Übung besprochen. Anleitende Fragen
können sein: Was hat euch das Beobachten gebracht? Was hat es verändert?

Besprechen Sie anhand des Infotextes auf S. 24 des Arbeitsheftes unter *Info:
Selbst-Monitoring im Unterricht und beim Lernen* wie der Reaktivitätseffekt sinnvoll eingesetzt werden kann. So kann ein Hinweisreiz (z. B. Plakat an der Wand,
Zettel im Mäppchen etc.) zukünftig dabei helfen, sich selbst aufmerksamer zu
beobachten. Zusätzlich kann überprüft werden, wann die Konzentration besonders niedrig ist – in der ersten oder der zweiten Hälfte der Stunde. Wenn es hier
einen Unterschied gibt, gilt es sich dann besonders aufmerksam zu beobachten.

Übung: Konzentration im Unterricht erhöhen
Lernziel: Übung zur Erhöhung der Konzentration im Unterricht kennenlernen
Dauer: 5 Minuten
Sozialform: Plenum
Materialien: Instruktion *Konzentrationsübung*

Anknüpfend an die Monitoring-Übung zur Aufmerksamkeit und Konzentration
wird in dieser Sequenz eine Strategie vermittelt, wie die Aufmerksamkeit wieder fokussiert werden kann, wenn beispielsweise durch Selbstbeobachtung ein
Konzentrationsmangel festgestellt wurde. Diese Übung kann auch im Unterricht
unauffällig durchgeführt werden und die Konzentration wieder herstellen (Miethner, Schmidt & Schmitz, 2009).

Lesen Sie die untenstehende Instruktion zur Konzentrationsübung langsam
vor:

Konzentrationsübung »Einen Punkt auf der Stirn sehen«
Schließt alle die Augen. Stellt euch vor, dass sich zwischen euren Augen auf eurer
Stirn ein schwarzer Punkt befindet. Ihr seht jetzt, wie der Punkt größer wird […] und
dann, wie er wieder kleiner wird. […] Dann verändert der Punkt seine Farbe. Zuerst
ist er rot, […] dann wird er blau […] und dann wird er leuchtend gelb. Er wird immer
heller und heller […] bis er ganz verschwunden ist.

Besprechen Sie anschließend kurz, ob die Teilnehmer einen Unterschied durch
die Übung bemerken.

> **Abschluss: Wiederholung, Erkenntnisse und Blitzlicht**
> **Lernziel: Inhalte festigen, Sitzung selbst zusammenfassen**
> **Dauer: 15 Minuten**
> **Sozialform: Plenum, Einzelarbeit**
> **Materialien: S. 24** *Halte deine Erkenntnisse fest!*

An dieser Stelle werden die Inhalte der Stunde durch Sie oder die Teilnehmer zusammengefasst. Besonders wichtig zu erwähnen ist hier die Tatsache, dass allein die Beobachtung des eigenen Verhaltens dessen Optimierung ermöglicht und sich das Verhalten allein dadurch in die gewünschte Richtung verändern kann. Auf S. 24 des Arbeitsheftes unter *Halte deine Erkenntnisse fest!* notiert dann jeder Schüler seine drei wichtigsten Erkenntnisse für die aktuelle Sitzung. Abschließend bewertet jeder Schüler im kurzen Blitzlicht die Trainingssitzung.

3.6.4 Geplanter Stundenverlauf

Nachfolgend ist der geplante Stundenverlauf der sechsten Sitzung zum Selbst-Monitoring tabellarisch dargestellt.

Trainingssitzung 6: Selbst-Monitoring – 90 Minuten

Dauer	Inhalt	Lernziele	Sozialform	Materialien
5 Min.	Übung: Aufmerksamkeit über- wachen Teil I	• Reaktivitätseffekt vorbereiten	Vortrag	• Instruktion *Beob- achtungsaufgabe* • Notizblatt
5 Min.	Einstieg: Zitate zur Beobachtung	• Erkennen, dass die Beobachtung des eigenen Verhaltens einen besseren Überblick ermöglicht	Plenum	• Zitate *Beobachtung*
15 Min.	Übung: Erfahrungsaustausch Selbst-Monitoring	• Potenzial des bisherigen Selbst- Monitoring entdecken	Plenum	
30 Min.	Übung: Lerntagebuch erstellen	• Subjektiv hilfreiches Lerntage- buch erstellen • Motivation zur Nutzung erhöhen	Vortrag, Einzelarbeit, Plenum	• S. 20 *Zu dir: Erstelle dein Lerntagebuch!* • S. 21–23 *Beispiele Lerntagebuch*
15 Min.	Übung: Aufmerksamkeit überwachen Teil II	• Reaktivitätseffekt erkennen	Plenum	• Notizblatt • S. 24 *Info: Selbst- Monitoring im Unterricht und beim Lernen*
5 Min.	Übung: Konzentration im Unterricht erhöhen	• Übung zur Erhöhung der Konzen- tration im Unterricht kennen- lernen	Plenum	• Instruktion *Konzentrations- übung*
15 Min.	Abschluss: Wiederholung, Erkennt- nisse und Blitzlicht	• Inhalte festigen • Sitzung selbst zusammenfassen	Plenum, Einzelarbeit	• S. 24 *Halte deine Erkenntnisse fest!*

3.6.5 Tipps

In der bisherigen Trainingsdurchführung wurde das Lerntagebuch bereits zu Beginn eingeführt. In dieser Sitzung wurden die Erfahrungen mit dem Tagebuch besprochen, jedoch leider mit magerer Ausbeute: Nur wenige Schüler hatten regelmäßig mit dem Lerntagebuch gearbeitet, der Großteil führte Zeitmangel als Hinderungsgrund an. Die Sitzung wurde daher dahin gehend geändert, dass die Schüler sich selbst ein Lerntagebuch entwickeln, das den individuellen Bedürfnissen in Länge und Inhalt entspricht.

Legen Sie bei der Entwicklung besonderen Wert darauf, dass die Schüler sich ihrer individuellen Bedürfnisse auch bewusst werden (Wann wollen sie das Tagebuch ausfüllen? Wie viel Zeit wollen sie aufwenden? Was interessiert sie im Rückblick auf ihren Schultag?).

3.7 Trainingssitzung 7: Durchhalten

Nachdem in der letzten Trainingssitzung das Monitoring behandelt wurde, sollen nun Strategien besprochen werden, die das Durchhalten erleichtern, wenn der Lernende durch Selbstbeobachtung einen Verlust an Konzentration oder Willen feststellt. Sinkende Konzentration oder störende Emotionen sind ein häufiger Grund für Durchhalteprobleme. In dieser Sitzung werden verschiedene Strategien besprochen, um dieser Problematik zu begegnen.

3.7.1 Lernziele

Die Lernziele der Trainingssitzung sind:
– Strategien zur Aufmerksamkeits- und Emotionsregulation kennenlernen
– geeignete Strategien in eigenen Plan einbauen

3.7.2 Sachanalyse

Lernhandlung aufrechterhalten durch Handlungskontrolle

Wurde eine Lernhandlung einmal begonnen, besteht noch immer keine Garantie, dass sie auch erfolgreich zu Ende geführt wird. Das Hauptproblem während des Lernens ist das Durchhalten. Besonders die Konzentration ist in diesem Zusammenhang sehr wichtig. Sie beschreibt einen Prozess, bei dem die Aufmerksamkeit willentlich auf die Bearbeitung eines Problems gelenkt wird (Rollett, 2001). Diese willentliche Lenkung der Aufmerksamkeit bezeichnet man auch als Handlungskontrolle. Unter Handlungskontrolle versteht man in der Psychologie Prozesse, welche eine aktuelle Handlungsabsicht gegen konkurrierende Motivationstendenzen abschirmen. Der Begriff wurde um 1980 von Julius Kuhl eingeführt.

Die Theorie erklärt, weshalb Menschen trotz der Tatsache, dass oft mehrere und konkurrierende Motivationstendenzen vorhanden sind, an einer Handlungsabsicht festhalten und diese ausdauernd verfolgen können. Würde stets der stärksten aktuellen Motivationstendenz nachgegeben, entstünde daraus ein ständiges Abbrechen und Aufnehmen von Handlungen – das sogenannte Handlungsflimmern.

Handlungskontrollstrategien können die Aufrechterhaltung einer Intention unterstützen. Kuhl (1987) zählt zu den Handlungskontrollstrategien die Kontrolle von Aufmerksamkeit, Motivation, Emotion und Umwelt sowie die Sparsamkeit der Informationsverarbeitung. Aufmerksamkeitskontrolle beschreibt das Ausblenden absichtsgefährdender Informationen und die Aufrechterhaltung der Konzentration (z. B. durch gezielte Pausen). Um die Motivation zu kontrollieren, sollen Strategien eingesetzt werden, um diese gezielt zu steigern (siehe Kapitel 3.5). Durch geeignete Strategien können auch die Emotionen des Lerners positiv beeinflusst werden (z. B. sich selbst gut zureden). Die Umweltkontrolle wird durch eine angemessene Gestaltung der Lernumgebung erreicht (siehe Kapitel 3.4). Um Informationen möglichst sparsam zu verarbeiten und dadurch keine unnötigen Kapazitäten zu verschwenden, sollte ein übermäßig langes Abwägen vermieden werden. Dies kann durch den Einsatz von Lernstrategien erreicht werden (siehe Kapitel 3.4).

Handlungskontrollstrategien aus den eben genannten fünf Bereichen können trainiert werden. Wie Motivation- und Umweltkontrolle sowie eine Sparsamkeit der Informationsverarbeitung erreicht werden können, wurde bereits besprochen. Die zugehörigen Strategien finden Sie in der jeweiligen Sachanalyse und im Arbeitsheft in den Infotexten »Lernumgebung« (Umweltkontrolle), »Lernstrategien« (Informationsverarbeitung) und »Motivation suchen und finden« (Motivationskontrolle).

An dieser Stelle möchten wir der Aufmerksamkeits- und Emotionskontrolle einen besonderen Stellenwert einräumen. Mit Aufmerksamkeitskontrolle ist die Aufrechterhaltung der Konzentration gemeint. Konzentriertes Lernen ermöglicht eine effektivere Nutzung der investierten Lernzeit und kann darüber zu einer Reduktion der notwendigen Lernzeit führen.

Aufmerksamkeitsregulation beim Lernen

Konzentration wird teilweise von äußeren Faktoren bestimmt. Dazu gehört auch das körperliche Wohlbefinden. Deshalb ist es wichtig, ausreichend zu schlafen und sich ausgewogen zu ernähren. Wer seine Grundbedürfnisse nicht erfüllt und z. B. müde ist, wird sich

Körperliche Konzentrationsfeinde ausschalten

nicht auf das zu Lernende konzentrieren können, da der Körper dazu nicht in der Lage ist.

Konzentrations-/ Bewegungsübungen und Entspannungstechniken

Kurze Konzentrationsübungen können helfen den Fokus körperlich und gedanklich wieder auf das Thema zu lenken, vergleichbar mit einem Sportler, der seine Muskeln kurz lockert bevor er weiterläuft. Diese Übungen sind teilweise sehr einfach und gut zwischendurch durchzuführen.

Beispiele: Die Augen schließen, tief durchatmen, innerlich bis zehn zählen. Dann die Augen wieder öffnen und weiterarbeiten; eine kleine Pause machen und bewusst aus dem Fenster schauen, um die Augen zu entspannen; sich strecken, tief durchatmen und die verspannten Schultern lockern.

Eine Übersicht über Konzentrationsübungen, die Sie auch in Ihren Unterricht integrieren können (z. B. in lange intensive Arbeitszeiten), finden Sie in diesem Manual im Kapitel Konzentrations- und Bewegungsübungen.

Auch längerfristige Entspannungstechniken wie beispielsweise die Progressive Muskelentspannung oder autogenes Training steigern nachweislich die Konzentrationsfähigkeit. Diese Verfahren sind natürlich nicht nebenbei im Unterricht erlernbar, können bei andauernden Konzentrationsschwierigkeiten aber ein wertvoller Hinweis sein. Nähere Informationen hierzu finden Sie beispielsweise auf den Internetseiten der Krankenkassen.

Lernt man über einen längeren Zeitraum allein, sollten folgende Hinweise beachtet werden, um Konzentration aufrechtzuerhalten:

Eins nach dem anderen

Zwischen Aufgaben *springen* kostet Zeit, Energie und schwächt so die Konzentration. Daher empfiehlt es sich, sich immer zunächst auf eine Aufgabe zu konzentrieren, diese dem Ziel entsprechend abzuschließen und erst dann zur nächsten Aufgabe überzugehen.

Leistungskurve

Jeder Mensch ist zu unterschiedlichen Tageszeiten besonders leistungsfähig. Bei den meisten Menschen ist dies der Vormittag bzw. der frühe Abend, während sich um die Mittagszeit (ca. von 12 bis 15 Uhr) ein Leistungstief feststellen lässt. Nachweislich gelten diese Richtwerte aber nicht für alle Menschen. Es sollte daher beobachtet werden, zu welcher Tageszeit man sich besonders gut konzentrieren kann. Diese Zeit sollte für die schwierigen Aufgaben genutzt werden! Weniger anspruchsvolle Aufgaben können zu anderen Zeiten erledigt werden.

Pausen

Pausen einlegen ist wichtig! Die Empfehlung ist hier: nach 45 Minuten Arbeit sollten fünf Minuten Pause gemacht werden, nach zwei bis drei Stunden Arbeit wird eine halbe Stunde Pause zur Erholung benötigt.

Hilfreich ist es, wenn Arbeits- und Erholungsphasen (Pausen) strikt getrennt werden. Dies kann gewährleistet werden, indem z. B. der Schreibtisch nur zum

Lernen genutzt wird (und nicht zum Essen) und man die Pausen an einem anderen Ort verbringt. Dies ist auch der Grund, warum im Bett nicht gelernt werden sollte: Der Körper verbindet den Ort mit Ruhe und Schlaf und wird automatisch weniger leistungsfähig.

Trennung von Arbeits- und Erholungsphasen

In der vorangehenden Trainingssitzung wurde bereits besprochen, wie wertvoll die Beobachtung des aktuellen Lernprozesses ist. Auch hier soll das Monitoring als hilfreiche Konzentrationsstrategie noch einmal erwähnt werden. Gerade während längerer Lern- und Arbeitsphasen ist es nützlich, regelmäßig zu überprüfen, ob man noch konzentriert ist. Allein das Erkennen eines aktuellen Konzentrationsmangels kann schon dazu führen, dass man sich selbst wieder zur Aufmerksamkeit *ermahnt*. Ist dies nicht der Fall, kann man sich folgende Fragen stellen: Was lenkt mich ab (Gedanken, Radio, Fernsehen, Internet etc.)? Kann ich die Störfaktoren beseitigen? Wie kann ich mich dazu bringen, mich wieder auf die Aufgabe zu konzentrieren? Liegt es an der Motivation? Kann bzw. muss ich mich neu motivieren? Bin ich müde oder hungrig? Auch eine Konzentrations- oder Bewegungsübung kann hier helfen!

Monitoring

Sind ablenkende Gedanken die Ursache für mangelnde Konzentration, hilft die kognitive Technik des Gedankenstopps, bei der man sich vor dem inneren Auge ein Stopp-Schild vorstellt, sich intensiv darauf konzentriert und laut oder leise *Stopp!* zu den störenden Gedanken sagt.

Gedankenstopp

Ist man unkonzentriert oder hat keine Lust mehr weiterzuarbeiten, kann die Selbstinstruktion helfen. Auch während des Lernens kann man sich Mut zusprechen (»Mach weiter, das hältst du schon durch!«) oder sich ermahnen (»Nicht abschweifen, konzentriere dich jetzt wieder!«).

Selbstinstruktion

Wenn man etwas nicht allein bewältigen kann, ist es gut sich einfach Hilfe zu holen. Wie bei *Wer wird Millionär?* kann man für verschiedene Themenbereiche unterschiedliche Personen als *Joker* im Hinterkopf haben.

Hilfe holen

Emotionsregulation

Lern- und Leistungssituationen können eine große Vielfalt an Emotionen auslösen. Dabei haben positive Emotionen einen günstigen Effekt auf die Lernleistung, während negative Emotionen den Lernenden eher hemmen (Pekrun & Schiefele, 1996).

Neben positiven oder negativen Emotionen können auch eigene Einstellungen zu einem Fach oder einer Aufgabe die Ursache für Unlust oder Lust sein. Einstellung und Emotionen hängen stark mit der Motivation zusammen. So kann eine positive Einstellung zum Fach (z. B. durch die Wahrnehmung einer hohen Alltagsrelevanz) auch zu einer hohen Lernmotivation führen. Einstellungen können unter anderem durch Emotionen hervorgerufen oder aufrechterhalten werden. Positive Emotionen einem Unterrichtsfach gegenüber (z. B. durch Interesse an den Inhalten oder einer positiven Unterrichtsatmosphäre) können eine lernförderliche Einstellung hervorrufen. Anhaltende negative Emotionen (z. B. Angst, den Anforderungen des Lehrers oder der Schule nicht gerecht zu werden) können die Einstellung beeinflussen und so die Lernmotivation untergraben. Auch die Einstellung zum Fach kann dadurch langfristig verschlechtert werden, da ohne eine angeleitete Reflexion die negativen Emotionen, die möglicherweise mit anderen Umständen zusammenhängen, mit dem Fach verknüpft werden. Dies verdeutlicht noch einmal, wie wichtig der Umgang und die Regulation der eigenen Emotionen für das Lernverhalten ist. Es gibt einige Übungen, die positive Emotionen unterstützen oder herstellen können:

Positives umformulieren Negative Gedanken können auch zu negativen Gefühlen führen. Man sollte versuchen diese negativen Gedanken zu benennen und sie positiv zu formulieren. Z. B. »Ich bin einfach nicht begabt für Mathe!« kann man umformulieren in »Bisher habe ich in Mathe nicht so viel verstanden, aber wenn ich ab jetzt regelmäßig übe, dann kann ich mich Schritt für Schritt verbessern. Übung macht schließlich den Meister.« Wichtig ist hierbei, sich nicht selbst zu belügen, sondern Formulierungen zu finden, die helfen, die Situation tatsächlich positiver zu sehen. Dies bedeutet nicht, dass der herausfordernde Charakter der Situation dabei nicht mehr benannt werden darf. Ein »Alles wird gut!« hilft zwar manchmal, ist aber oft unrealistisch. Formuliert man etwas positiv um, sollte man vermeiden, sich selbst feste Eigenschaften wie gut und schlecht zuzuschreiben. Stattdessen sollte man die eigene Anstrengungsbereitschaft und die eigene Motivation, das Ziel zu erreichen, ins Spiel bringen.

Bleistiftübung Zu bestimmten Gefühlen gehören auch bestimmte Gesichtsausdrücke. Angst, Ärger und Freude werden in allen Kulturen gleich ausgedrückt und erkannt. Die Wissenschaft hat festgestellt, dass der Weg von positiven Emotionen zu entsprechenden Gesichtsausdrücken keine Einbahnstraße ist, sondern auch in umgekehrter Richtung funktioniert. Ein Lächeln, das im ersten Moment vielleicht gar nicht Ausdruck von Freude ist, löst dennoch positive Emotionen aus. Diesen umgekehrten Effekt kann man für sich nutzbar machen, indem man über einen freudigen Gesichtsausdruck positive Emotionen hervorruft. Sollte das Lächeln aus eigenem Antrieb tatsächlich zu schwerfallen, kann man auch einen Bleistift quer zwischen die Zähne nehmen und ihn dort für 30 Sekunden halten. Allein die Anspannung der Muskeln, die ähnlich wie die bei einem Lächeln ist, wirkt!

Die Unterlagen zu sehen, mit denen man sich befassen muss, kann manchmal auch schon zu negativen Gefühlen führen. Hier

Buchmotzübung

kann die Buchmotzübung helfen: Man stelle die Unterlagen auf einen Stapel und motze diesen laut und nach Herzenslust an. Man schreie die Unterlagen so lange an, bis man über sich selbst lachen kann und die negativen Gefühle vorerst nicht mehr im Weg stehen.

Die Buchmotz- und die Bleistiftübung sind eher Auflockerungen, deren Wirkung dennoch nicht zu unterschätzen ist. Die Bleistiftübung zeigt zumindest ganz klar: Lächeln lohnt sich, auch wenn einem nicht danach ist.

3.7.3 Methodische Analyse

Einstieg: Frösche in der Sahne
Lernziele: Erkennen, wie wichtig es ist, nicht zu früh aufzugeben
Dauer: 10 Minuten
Sozialform: Vortrag, Plenum
Materialien: Geschichte *Die zwei Frösche*

Lesen Sie als Einstieg in die Thematik des Durchhaltens die Geschichte *Die zwei Frösche* (Aesop, ca. 550 v. Chr.) vor oder lassen Sie die Teilnehmer die Geschichte selbst lesen.

Die zwei Frösche

Zwei Frösche, deren Tümpel die heiße Sommersonne ausgetrocknet hatte, gingen auf die Wanderschaft. Gegen Abend kamen sie in die Kammer eines Bauernhofs und fanden dort eine große Schüssel Milch vor. Sie hüpften sogleich hinein und ließen es sich schmecken.

Als sie ihren Durst gestillt hatten und wieder ins Freie wollten, konnten sie es nicht: die glatte Wand der Schüssel war nicht zu bezwingen, und sie rutschten immer wieder in die Milch zurück. Viele Stunden mühten sie sich nun vergeblich ab, und ihre Schenkel wurden allmählich immer matter. Da quakte der eine Frosch: »Alles Strampeln ist umsonst, das Schicksal ist gegen uns, ich geb's auf!«

Er machte keine Bewegung mehr, glitt auf den Boden des Gefäßes und ertrank. Sein Gefährte aber kämpfte verzweifelt weiter bis tief in die Nacht hinein. Da fühlte er den ersten festen Butterbrocken unter seinen Füßen, er stieß sich mit letzter Kraft ab und war im Freien.

Diskutieren Sie im Plenum die Aussage der Geschichte. Ordnen Sie dann die aktuelle Sequenz in das Selbstregulationsmodell ein. Nutzen Sie dafür wieder eine Abbildung oder ein Tafelbild. Geben Sie anschließend einen Überblick über den Ablauf der Trainingsstunde zum Durchhalten und nennen Sie die Lernziele der Sitzung.

> Übung: Konzentration unter der Lupe
> Lernziele: Eigene Durchhalteschwierigkeiten vergegenwärtigen
> Dauer: 20 Minuten
> Sozialform: Plenum
> Materialien: S. 25 *Fallbeispiel: Anna lernt für Mathe!*, S. 26 *Übung: Konzentration unter der Lupe*, Flipchart

Diese Sequenz dient der Sensibilisierung der Teilnehmer für ihre eigenen Durchhalteprobleme und soll die Aufmerksamkeit auf die problematischen eigenen Situationen lenken. Im Verlauf der Stunde wird mit den Resultaten aus dieser Übung weitergearbeitet.

Anhand des Beispiels auf S. 25 des Arbeitsheftes unter *Fallbeispiel: Anna lernt für Mathe!* sammeln Sie im Plenum, welche Konzentrationsprobleme bei Anna auftreten und welche Strategien sie einsetzt, um diese zu bewältigen. Halten Sie die Beiträge auf einem Flipchart (oder an der Tafel) fest.

Geben Sie den Teilnehmern anschließend fünf Minuten Zeit, um sich mit ihren eigenen Durchhalte- und Konzentrationsproblemen zu befassen. Auf S. 26 des Arbeitsheftes unter *Übung: Konzentration unter der Lupe* soll nun jeder Teilnehmer zwei bis drei Situationen notieren, in denen er Probleme hat sich zu konzentrieren. Zusätzlich sollen die bisher eingesetzten Strategien, um dieses Problem zu lösen, notiert werden. Sammeln Sie die Erfahrungen der Teilnehmer danach im Plenum und halten Sie die verschiedenen Situationen und Probleme sowie die bisherigen Lösungsversuche auf einem Flipchart (oder an der Tafel) fest.

Wiederholen Sie während der Sammlung der Probleme und Lösungsstrategien die Aussagen der Teilnehmer, fassen Sie diese zusammen und schätzen Sie unternommene Lösungsversuche wert.

> Theorie: Handlungskontrolle
> Lernziel: Handlungskontrollstrategien kennenlernen
> Dauer: 5 Minuten
> Sozialform: Vortrag, Plenum
> Materialien: S. 26 *Info: Handlungskontrolle*

Erklären Sie anhand des Infotextes im Arbeitsheft auf S. 26 *Info: Handlungskontrolle* kurz die Theorie der Handlungskontrolle nach Kuhl oder erarbeiten Sie die Theorie anhand der Abbildung gemeinsam im Plenum.

Nachdem Sie die Konzentrationsschwierigkeiten der Teilnehmer gesammelt haben, zeigen Sie anhand der Theorie der Handlungskontrolle auf, dass diese Probleme verschiedene Ursachen haben können. Durch die Sitzungen zur Planung und zur Motivation sind den Schülern bereits einige Strategien bekannt (Lernstrategien, Umgebungsgestaltung, Motivationsstrategien). Stellen Sie heraus, dass in dieser Trainingsstunde nur die verbleibenden beiden Bereiche der Konzentration und der Emotionen beleuchtet werden.

Übung: Konzentration aufrechterhalten

Lernziel: Strategien zur Steigerung der Konzentration beim Lernen kennenlernen

Dauer: 20 Minuten

Sozialform: Plenum

Materialien: S. 27 *Info: Konzentration aufrechterhalten*

Gehen Sie die auf S. 27 des Arbeitsheftes unter *Info: Konzentration aufrechterhalten* beschriebenen Konzentrationsstrategien mit den Teilnehmern gemeinsam durch und stellen Sie sicher, dass die Strategien verstanden wurden.

Kehren Sie dann zurück zu den Erfahrungen der Teilnehmer mit Konzentrationsproblemen, die Sie am Flipchart oder an der Tafel notiert haben. Nun soll es darum gehen, zu den problematischen Situationen die passenden Strategien zu finden. Betrachten Sie mit den Teilnehmern jede einzelne Situation. Ermuntern Sie sie aus den eben beschriebenen Strategien zur Konzentrationsregulation wirksame Strategien zum Umgang mit dem Problem zu identifizieren. Der Informationstext darf hierfür natürlich genutzt werden. Wurde eine Strategie für ein Problem gefunden, bitten Sie besonders die Teilnehmer, die dieses Problem kennen, um eine Einschätzung, ob die Strategie ihnen hilfreich erscheint. Falls dies nicht der Fall ist, fragen Sie die entsprechenden Teilnehmer nach den Gründen für diese Einschätzung und was genau an der Strategie anders sein müsste, damit sie helfen könnte. Die Frage »Was stattdessen?« kann hier wieder gute Dienste leisten. Verfahren Sie so mit jeder einzelnen Durchhalteproblematik bis zu jeder eine Lösungsstrategie gefunden wurde.

Wiederholen Sie dann die Resultate dieser Übung und fassen sie das Wichtigste kurz zusammen.

Übung: Emotionen steuern
Lernziel: Strategien zur Emotionsregulation kennenlernen, Positives Umformulieren üben
Dauer: 15 Minuten
Sozialform: Plenum
Materialien: S. 28 *Info: Emotionen steuern*, S. 28 *Übung: Positives Umformulieren*

Gehen Sie anhand des Infotextes im Arbeitsheft auf S. 28 *Info: Emotionen steuern* die einzelnen Strategien mit Ihren Schülern durch. Die Bleistiftübung können Sie direkt im Plenum ausprobieren!

Da besonders das positive Umformulieren eine sehr wirkungsvolle Strategie zum Umgang mit problematischen Emotionen ist (Miethner, Schmidt & Schmitz, 2008), sollen die Teilnehmer auf S. 28 im Arbeitsheft unter *Übung: Positives Umformulieren* ihre eigenen negativen Gedanken identifizieren, die sie am Lernen hindern und diese in positive Gedanken umformulieren. Besprechen Sie die Ergebnisse der Teilnehmer nach und gehen Sie auf mögliche Probleme bei der Anwendung der Strategie ein.

Anschließend können Sie noch einmal auf die gesammelten Konzentrations- und Durchhalteprobleme der Teilnehmer zurückkommen. Gibt es Problematiken, bei denen eine Emotionsregulationsstrategie helfen könnte?

Übung: Durchhalten und konzentrieren
Lernziel: Durchhaltestrategien im eigenen Plan ergänzen
Dauer: 5 Minuten
Sozialform: Einzelarbeit
Materialien: S. 29 *Zu dir: Durchhalten und konzentrieren!*

Die gewonnenen Erkenntnisse über Durchhaltestrategien sollen nun noch auf das eigene Ziel angewandt und auf S. 29 des Arbeitsheftes unter *Zu dir: Durchhalten und konzentrieren!* notiert werden. Geben Sie fünf Minuten Zeit, um für das eigene Ziel mehrere der in dieser Sitzung kennengelernten Strategien herauszusuchen und anzupassen.

Abschluss: Wiederholung, Erkenntnisse und Blitzlicht
Lernziele: Inhalte festigen, Sitzung selbst zusammenfassen
Dauer: 15 Minuten
Sozialform: Plenum, Einzelarbeit
Materialien: S. 29 *Halte deine Erkenntnisse fest!*

Fassen Sie zuletzt die Inhalte der Stunde für die Teilnehmer zusammen oder bitten Sie die Teilnehmer darum. Besonders wichtig zu erwähnen ist, dass es auch während der Handlung notwendig ist, daran zu arbeiten, dass man an einer Aufgabe dranbleibt. Mithilfe bestimmter Strategien kann man seine Emotionen und seine Konzentration beeinflussen. Auf S. 29 des Arbeitsheftes unter *Halte deine Erkenntnisse fest!* notiert dann jeder Teilnehmer die drei wichtigsten Erkenntnisse der aktuellen Sitzung für sich. Im anschließenden kurzen Blitzlicht soll jeder Schüler seine Bewertung der nun abgeschlossenen Trainingssitzung berichten.

3.7.4 Geplanter Stundenverlauf

Nachfolgend ist der geplante Stundenverlauf tabellarisch dargestellt.

Trainingssitzung 7: Durchhalten – 90 Minuten

Dauer	Inhalt	Lernziele	Sozialform	Materialien
10 Min.	Einstieg: Frösche in der Sahne	• Erkennen, wie wichtig es ist, nicht zu früh aufzugeben	Vortrag, Plenum	• Geschichte *Die zwei Frösche*
20 Min.	Übung: Konzentration unter der Lupe	• Eigene Durchhalteschwierigkeiten vergegenwärtigen	Plenum	• S. 25 Fallbeispiel: *Anna lernt für Mathe!* • S. 26 Übung: *Konzentration unter der Lupe*
5 Min.	Theorie: Handlungskontrolle	• Handlungskontrollstrategien kennenlernen	Vortrag, Plenum	• S. 26 *Info: Handlungskontrolle*
20 Min.	Übung: Konzentration aufrechterhalten	• Strategien zur Steigerung der Konzentration beim Lernen kennenlernen	Plenum	• S. 27 *Info: Konzentration aufrechterhalten*
15 Min.	Übung: Emotionen steuern	• Strategien zur Emotionsregulation kennenlernen • Positives Umformulieren üben	Plenum	• S. 28 *Info: Emotionen steuern* • S. 28 Übung: *Positives Umformulieren*
5 Min.	Übung: Durchhalten und konzentrieren	• Durchhaltestrategien im eigenen Plan ergänzen	Einzelarbeit	• S. 29 *Zu dir: Durchhalten und konzentrieren!*
15 Min.	Abschluss: Wiederholung, Erkenntnisse und Blitzlicht	• Inhalte festigen • Sitzung selbst zusammenfassen	Plenum, Einzelarbeit	• S. 29 *Halte deine Erkenntnisse fest!*

3.7.5 Tipps

Die Auseinandersetzung mit den eigenen Konzentrationsproblemen und den Situationen, in denen diese auftreten, hat den Schülern viel gebracht. Oft wurden bereits bekannte Strategien noch mal *reaktiviert* und in das Repertoire aufgenommen. Machen Sie an dieser Stelle sich selbst und auch den Schülern noch einmal bewusst, dass es nicht darum geht, eine neue *Wunderstrategie* zu erlernen, sondern dass das Bekannte oft einfach nur besser beachtet werden muss!

Einige Schüler fanden die *Bleistiftübung* zunächst ungewöhnlich. Als sie sich dann aber darauf einließen, entwickelte sich daraus eine interessante Diskussion über den wissenschaftlichen Hintergrund der Übung und die Frage, ob wir unsere Emotionen willentlich beeinflussen können. Falls die Schüler mal keine Lust auf eine der Übungen haben, die Sie ihnen vorschlagen, überzeugen Sie sie, es einfach mal auszuprobieren! Oft ergeben sich daraus interessante Gespräche.

3.8 Trainingssitzung 8: Reflexion

In den vorherigen Wochen haben die Teilnehmer über ihre Werte nachgedacht, sich ein Ziel gesetzt, die Elemente sinnvoller Zeit- und Strategieplanung, Möglichkeiten der Selbstmotivation und die wichtigen Elemente der aktionalen Phase, nämlich das Selbst-Monitoring und Durchhaltestrategien, kennengelernt. Diese Trainingssitzung schließt den Selbstregulationszyklus ab, indem die Elemente der postaktionalen Phase thematisiert werden und das zu Beginn gesetzte Ziel reflektiert wird.

3.8.1 Lernziele

Die Lernziele der Trainingssitzung sind:
– Elemente hilfreicher Reflexion kennenlernen
– eigenes Ziel reflektieren

3.8.2 Sachanalyse

Reflexion zur Optimierung künftiger Lernprozesse

Die Reflexion der Lernhandlung spielt in der Phase nach dem Lernen die zentrale Rolle. Den Abschluss einer jeden (Lern-)Handlung sollte die Reflexion über den Handlungsprozess darstellen. Sie ermöglicht das Ziehen von Schlüssen für die Optimierung des zukünftigen Lernprozesses und dient der Bildung von Vorsätzen. Ohne diese abschließende Bestandsaufnahme verpuffen gemachte Erfahrungen schnell und werden kaum bewusst. Eine vollständige Reflexionsphase beinhaltet die Bewertung des Ergebnisses, die Ursachenzuschreibung, den Vergleich mit einer Bezugsnorm und die Vorsatzbildung.

Die Bewertung beginnt mit der Beantwortung der Frage, ob das Ziel erreicht wurde. Darüber hinaus sollten Überlegungen zum Vorgehen während des Lernprozesses gemacht werden. Damit ist vor allem die Identifikation erfolgreicher und weniger erfolgreicher Handlungen zur Zielerreichung gemeint.

Im Rahmen der Reflexion stellt man sich die Frage, woran es gelegen hat, dass man sein Ziel erreicht oder nicht erreicht hat. Darauf kann es ganz verschiedene Antworten geben. Grundsätzlich schreiben Menschen die Ursachen ihres Erfolges oder Misserfolges vier Typen von Ursachen zu:

1. Einfluss anderer: Das Ziel wurde erreicht, weil z. B. jemand einem zugetan ist (z. B. der Vorgesetzte, der einen fördern möchte).
2. Fähigkeiten: Das Ziel wurde erreicht, weil man gut in dem ist, was man gemacht hat (z. B. besonders gut in einer Sportart).
3. Zufall: Das Ziel wurde erreicht, weil man Glück hatte (z. B. Lottogewinn).
4. Anstrengung: Das Ziel wurde erreicht, weil man sich viel Mühe gegeben hat.

Diese Ursachenzuschreibung wirkt sich unterschiedlich darauf aus, wie man mit Erfolg und Misserfolg umgeht: Führt man einen Erfolg auf Glück oder günstige Umstände zurück, ist es schwer daraus Schlüsse für das nächste Mal zu ziehen, denn Glück lässt sich nicht planen. Außerdem wird der eigene Anteil am Erfolg so nicht wertgeschätzt. Erfolge sollten deshalb den eigenen Fähigkeiten oder der eigenen Anstrengung zugeschrieben werden. Dies stärkt die Selbstwirksamkeitserwartung.

Anders ist es mit Misserfolgen. Werden diese mit mangelnden Fähigkeiten oder mit dem Einfluss anderer begründet, hat man wieder keinen Einfluss darauf, wie es beim nächsten Mal besser laufen kann – man macht sich selbst handlungsunfähig. Misserfolge sollten deshalb fehlender Anstrengung oder dem Zufall zugeschrieben werden, denn die Anstrengung kann beeinflusst werden und man wird nicht immer Pech haben. Eine solche Ursachenzuschreibung erhöht die Handlungsfähigkeit.

Reflektieren wir eine Lernhandlung, nehmen wir häufig einen Vergleich unseres Ergebnisses mit dem Ergebnis von anderen Personen vor. Generell werden zwei verschiedene Bezugsnormen unterschieden, die man einem solchen Vergleich zugrunde legen kann: die soziale und die individuelle Bezugsnorm. Die soziale Bezugsnorm meint den Vergleich mit den Ergebnissen anderer Personen (z. B. Vergleich der eigenen Note mit der Note der Mitschüler). Diesen Vergleich wenden die meisten Menschen intuitiv und häufig an. Die Anwendung der individuellen Bezugsnorm hingegen, das heißt der Vergleich unseres Ergebnisses mit unseren eigenen früheren Leistungen, findet weniger häufig statt. Ihr Vorteil gegenüber der sozialen Bezugsnorm ist jedoch nicht zu unterschätzen. Durch einen Vergleich mit unseren eigenen früheren Leistungen erfahren wir, ob wir uns in unserem persönlichen Leistungsverlauf verbessert oder verschlechtert haben. Dies beinhaltet wesentlich mehr Informationen über das eigene Vorankommen. Wird nur eine soziale Bezugsnorm als Vergleich verwendet, so zeichnet sich ein stabiles Leistungsbild ab: Leistungsschwächere Teilnehmer werden sich fast immer auf den unteren Rangplätzen befinden (Rheinberg, 2001). Dies mindert das Selbstkonzept hinsichtlich der eigenen Fähigkeiten auf Dauer (z. B. Pajares & Schunk, 2001). Ein Vergleich mit den eigenen vorherigen Leistungen hat hingegen positive Effekte auf das eigene Fähigkeitsselbstkonzept und bessere Leistungen zur Folge (Mischo & Rheinberg 1995). Auch besonders leistungsstarke Schüler gewinnen durch den Vergleich mit ihren Klassenkameraden keine Informationen darüber, wie sie sich weiter steigern können.

Im Rahmen der Reflexion können hilfreiche und nicht hilfreiche Handlungen identifiziert werden. Je umfangreicher die Analyse ist, desto besser sind die Hinweise und Vorsätze für zukünftige Lernhandlungen. Die folgenden Fragen sind hilfreich beim Reflektieren: Was hat mir geholfen? Was hat mir noch gefehlt? Was kann ich beim nächsten Versuch verbessern?

An dieser Stelle wird einmal mehr die Wichtigkeit des Zieles klar: Fehlt das Ziel, ist auch kein Vergleich mit dem tatsächlichen Ergebnis möglich. Ob erreicht wurde, was gewünscht war, kann dann nicht beurteilt werden und sowohl Erfolge als auch Misserfolge können nicht klar als solche eingeordnet werden. Durch die Reflexion des Lernprozesses in Hinblick auf ein zuvor gesetztes Ziel werden Verbesserungsmöglichkeiten bewusst und können somit in einer nächsten Lernhandlung berücksichtigt werden.

3.8.3 Methodische Analyse

Einstieg: Nachdenken
Lernziel: Erkennen, dass die Reflexion die Bildung von Vorsätzen ermöglicht und so das Lernen optimiert
Dauer: 5 Minuten
Sozialform: Plenum
Materialien: Zitate *Reflexion*

Den Einstieg in die abschließende Sitzung bildet die Diskussion um eines der beiden folgenden Zitate (G.C. Lichtenberg, um 1770; S. Herberger aus Leinemann, 2004):

»Man sollte nie so viel zu tun haben, dass man zum Nachdenken keine Zeit mehr hat.«
»Nach dem Spiel ist vor dem Spiel.«

Anhand eines Zitates soll die Relevanz der Reflexion erarbeitet werden. Beginnen Sie mit den Teilnehmern eine kurze Diskussion über deren Erfahrungen mit der Reflexion. Fragen Sie sie, ob sie ihre Lernhandlungen reflektieren, in welcher Form sie dies tun, wie viel Zeit sie sich dafür nehmen und was sie aus der Reflexion ihrer Lernhandlungen lernen. Ein Ergebnis dieser Einführung sollte sein, dass ohne eine Reflexion kaum eine Verbesserung bei der nächsten Ausführung der Handlung möglich ist.

Ordnen Sie dann die Reflexion in der Phase nach dem Lernen im Modell des selbstregulierten Lernens ein. Ziehen Sie hierbei auch den Bogen zur nächsten Phase vor dem Lernen, auf welche die Reflexion einen großen Einfluss nimmt. Anschließend werden die Lernziele der Sitzung benannt.

> **Theorie: Reflexion**
> **Lernziel:** Bewertung, Ursachenzuschreibung, Vergleich und Vorsatzbildung als Elemente effektiver Reflexion kennenlernen
> **Dauer:** 5 Minuten
> **Sozialform:** Vortrag, Plenum
> **Materialien:** S. 30 *Info: Was zur Reflexion gehört*

Sichern Sie nun noch einmal anhand des Infotextes auf S. 30 im Arbeitsheft unter *Info: Was zur Reflexion gehört* die wichtigen theoretischen Bestandteile der Reflexion: die Identifikation hilfreicher und weniger hilfreicher Handlungen sowie die Bildung von Vorsätzen für zukünftige Handlungen. Gehen Sie dabei auf die in der vorangegangen Diskussion von den Teilnehmern bereits benannten Punkte ein, wiederholen Sie diese und fassen Sie die Erkenntnisse zusammen.

> **Übung: Differenzierung zur Zielerreichung**
> **Lernziel:** Ziererreichung gemeinsam reflektieren
> **Dauer:** 15 Minuten
> **Sozialform:** Plenum
> **Materialien:** Fragen *Zielerreichung*

Die nachfolgende Übung soll den Teilnehmern den Raum zu einer gemeinsamen Reflexion des zu Beginn des Trainings gesetzten Zieles geben. Dafür werden die Tische beiseite geräumt. Die Teilnehmer werden instruiert, sich entsprechend der Antworten auf die folgenden Fragen in verschiedenen Bereichen des Raumes zu gruppieren. So sollen sich z. B. alle Schüler, die Frage 1 mit *ja* beantworten, in die linke hintere Ecke des Raumes stellen. Schüler, die Frage 1 mit *nein* beantworten, stellen sich in die rechte hintere Ecke des Raumes usw.

Zielerreichung:
Habt ihr euer Ziel erreicht? Teilen Sie ein in ja, teilweise und nein.
Was denkt ihr, woran es gelegen hat? Teilen Sie ein in Anstrengung, Fähigkeit, Zufall und Einfluss anderer.
Seid ihr damit zufrieden? Teilen Sie ein in ja, teilweise und nein.
Gibt es etwas, das ihr nächstes Mal besser machen wollt? Teilen Sie ein in ja und nein.
Gibt es etwas, das gut lief und das ihr wiederholen wollt? Teilen Sie ein in ja und nein.
Gibt es etwas, das besser lief als früher? Teilen Sie ein in ja und nein.

Fragen Sie während der Übung nach, was das Ziel der Teilnehmer war und lassen Sie die Teilnehmer zu den einzelnen Fragen berichten, warum sie sich dort eingruppiert haben, wo sie stehen. Fragen Sie vor allem bei den Teilnehmern genauer nach, welche die Fragen mit *nein* beantworten. Versuchen Sie vor allem bei den Fragen drei bis vier eine weiterführende Erkenntnis herauszuarbeiten.

Theorie: Bezugsnorm und Ursachenzuschreibung
Lernziel: Elemente der Reflexion an der eigenen Zielerreichung erkennen
Dauer: 10 Minuten
Sozialform: Vortrag, Plenum
Materialien: S. 30 *Info: Was zur Reflexion gehört*

In dieser kurzen Sequenz sollen die Teilnehmer für die beiden Bezugsnormen (sozial vs. individuell) sensibilisiert werden. Nehmen Sie dafür noch einmal Bezug auf die soeben durchgeführte Differenzierungsübung und fragen Sie die Teilnehmer, ob sie geschaut haben, wo die anderen sich hinstellen und wie sie das empfunden haben. Werden beide Bezugsnormen benannt, können die Teilnehmer selbst die Vor- und Nachteile der jeweiligen Bezugsnorm aufgrund ihrer soeben gemachten Erfahrungen diskutieren.

Der Unterschied zwischen beiden Bezugsnormen zeigt sich in der Übung besonders bei der ersten und der letzten Frage: Muss man die erste Frage mit *nein* beantworten, ist dies kein besonders erfreuliches Ergebnis. Der soziale Vergleich würde hier stehen bleiben. Die letzte Frage jedoch nimmt Bezug auf die eigenen Leistungen: Selbst wenn die erste Frage mit *nein* beantwortet wurde, kann hier etwas gefunden werden, worin man sich entwickelt hat. Auch bei Misserfolgen lief nicht alles schlecht und die Gelegenheit dies herauszufinden eröffnet der Vergleich mit den eigenen früheren Leistungen.

Ein weiterer wichtiger Punkt ist die Ursachenzuschreibung. Die zweite Frage der Differenzierungsübung zielte darauf ab, den Schülern die vier Ursachen, die für Erfolge und Misserfolge angelegt werden, nahezubringen. Sensibilisieren Sie sie nun anhand des Infotextes im Arbeitsheft auf S. 30 *Info: Was zur Reflexion gehört,* welche Ursachenzuschreibung ihre Handlungsfähigkeit aufrechterhält.

Fassen Sie die Beiträge der Teilnehmer zusammen und wiederholen Sie das Gesagte. Das Fazit sollte sein, dass neben der Bewertung und den Vorsätzen auch die Bezugsnorm und die Ursachenzuschreibung stark über die Motivation und die Emotionen der nächsten Lernhandlung bestimmen.

Übung: Reflexion anwenden
Lernziel: Eigene Zielerreichung reflektieren, Vorsätze bilden
Dauer: 5 Minuten
Sozialform: Einzelarbeit
Materialien: S. 31 *Zu dir: Nimm was mit! - Reflexion*

Nach der Differenzierungsübung und der Besprechung der Vergleiche mit den beiden Bezugsnormen, sollen die Schüler nun in Einzelarbeit die Erkenntnisse aus der Reflexion ihrer Zielerreichung festhalten. Auf S. 31 des Arbeitsheftes unter *Zu dir: Nimm was mit! - Reflexion* sehen die Teilnehmer hilfreiche Reflexionsfragen und können ihre Antworten darauf notieren. Besprechen Sie die Übung noch einmal kurz nach.

Übung: Erneute Zielsetzung
Lernziele: Zielsetzung anhand der Vorsätze neu formulieren
Dauer: 15 Minuten
Sozialform: Einzelarbeit
Materialien: S. 31 *Zu dir: Auf ein Neues!*

Aus der Reflexion des Zieles, das zu Beginn des Trainingsprogramms gesetzt wurde, soll nun ein neues Ziel formuliert und der Weg dorthin geplant werden. Die bereits bekannten Prinzipien sollen dabei beachtet werden. Hierzu sollen die Teilnehmer zuerst ein Fernziel und anschließend wieder zwei schulische smarte Nahziele bestimmen. Die Instruktion findet sich auf S. 31 des Arbeitsheftes unter *Zu dir: Auf ein Neues!*.

Nach der Einzelarbeit können einzelne Teilnehmer ihre neuen Ziele vorstellen und erläutern, wie sich diese aus der heutigen Reflexion ergeben haben. Hat die smarte Formulierung evtl. schon besser geklappt als zu Beginn des Trainings?

Übung. Wiederholung als Quiz
Lernziel: Inhalte festigen
Dauer: 25 Minuten
Sozialform: Plenum
Materialien: Quizfragen (s. Anhang)

Fassen Sie an dieser Stelle zunächst die Inhalte der aktuellen Stunde zusammen. Dies kann durch Sie, aber auch durch die Teilnehmer erfolgen. Besonders wichtig ist, dass ohne eine Reflexion kaum eine Verbesserung der nächsten Lernhandlung erfolgen kann und dass ein Vergleich mit der individuellen Bezugsnorm motivierender und aufschlussreicher ist als der Vergleich mit der sozialen Bezugsnorm.

Anschließend werden die Inhalte des gesamten Trainings anhand eines Quiz wiederholt. Sie finden die Fragen für das Quiz im Anhang. Hierfür können die Teilnehmer Teams bilden und gegeneinander antreten.

Übung: Erkenntnisse und Blitzlicht
Lernziel: Sitzung selbst zusammenfassen, Sitzung und Training bewerten
Dauer: 10 Minuten
Sozialform: Einzelarbeit, Plenum
Materialien: S. 31 *Halte deine Erkenntnisse fest!*

Im Arbeitsheft auf S. 31 unter *Halte deine Erkenntnisse fest!* notiert jeder Teilnehmer die drei wichtigsten Erkenntnisse der aktuellen Sitzung für sich.

Anschließend soll in einem kurzen Blitzlicht jeder Teilnehmer seine Bewertung der nun abgeschlossenen Trainingssitzung und des vollständigen Selbstregulationstrainings berichten. Um einen runden Abschluss des Trainings zu ermöglichen, können Sie die Inhalte durch gezielte Diskussionsfragen noch einmal Revue passieren lassen. Mögliche Fragen sind: Welches Thema hat am besten gefallen? Was war die tollste/wichtigste Erkenntnis im Rahmen des Trainings? Was hat der Brief an sich selbst ausgelöst? Welche Strategien wurden bereits in das eigene Repertoire aufgenommen? Welche noch nicht? Welche Inhalte beschäftigen die Schüler noch?

Ein solcher Abschluss bringt die Inhalte zusammen und jeder Teilnehmer zieht noch einmal Bilanz. Aus dieser Reflexion können wichtige Vorsätze für die nächste Zeit entstehen. Sollten Sie in dieser Trainingssitzung nicht genügend Zeit für eine so umfangreiche Reflexion haben, empfehlen wir, diese in einer folgenden Unterrichtsstunde anzubieten.

3.8.4 Geplanter Stundenverlauf

Nachfolgend ist der geplante Stundenverlauf tabellarisch dargestellt.

Trainingssitzung 8: Reflexion – 90 Minuten

Dauer	Inhalt	Lernziele	Sozialform	Materialien
5 Min.	Einstieg: Nachdenken	• Erkennen, dass die Reflexion die Bildung von Vorsätzen ermöglicht und so das Lernen optimiert	Plenum	• Zitate *Reflexion*
5 Min.	Theorie: Reflexion	• Bewertung, Ursachenzuschreibung, Vergleich und Vorsatzbildung als Elemente effektiver Reflexion kennenlernen	Vortrag, Plenum	• S. 30 *Info: Was zur Reflexion gehört*
15 Min.	Übung: Differenzierung zur Zielerreichung	• Zielerreichung gemeinsam reflektieren	Plenum	• Fragen *Zielerreichung*
10 Min.	Theorie: Bezugsnorm und Ursachenzuschreibung	• Elemente der Reflexion an der eigenen Zielerreichung erkennen	Vortrag, Plenum	• S. 30 *Info: Was zur Reflexion gehört*
5 Min.	Übung: Reflexion anwenden	• Eigene Zielerreichung reflektieren • Vorsätze bilden	Einzelarbeit	• S. 31 *Zu dir: Nimm was mit! – Reflexion*
15 Min.	Übung: Erneute Zielsetzung	• Eigene Zielerreichung reflektieren • Zielsetzung anhand der Vorsätze neu formulieren	Einzelarbeit	• S. 31 *Zu dir: Auf ein Neues!*
25 Min.	Übung: Wiederholung als Quiz	• Inhalte festigen	Plenum	• Quizfragen (s. Anhang)
10 Min.	Übung: Erkenntnisse und Blitzlicht	• Sitzung selbst zusammenfassen • Sitzung und Training bewerten	Einzelarbeit, Plenum	• S. 31 *Halte deine Erkenntnisse fest!*

3.8.5 Tipps

In dieser Sitzung war es für die meisten Schüler überraschend, dass nachdem die Aufgabe erledigt ist, das Lernen formell noch nicht beendet sein sollte. Hier sahen viele Verbesserungsmöglichkeiten. Achten Sie darauf, dass die Wichtigkeit der Reflexion mit den zu bildenden Vorsätzen bei den Schülern ankommt.

Am meisten hat aber das Quiz gefallen, das im Stil von *Wer wird Millionär?* umgesetzt wurde. Zu einer Frage gab es vier mögliche Antworten, von denen immer nur eine zutraf (s. Anhang). Es gab zwei Gruppen, die gegeneinander angetreten sind. Die Schüler beider Gruppen waren mit Eifer bei der Sache und die gewählten Antworten zeigten, dass sie mit dem Thema inzwischen sehr gut vertraut waren. Was die Gestaltung des Quiz angeht, können Sie Ihrer Fantasie freien Lauf lassen!

4   Konzentrations- und Bewegungsübungen

Yaman Taka Ant Fat
(aus dem tibetischen: der Weg, das Ziel, das Unwägbare)
Fordern Sie die Schüler auf, sich bequem und sicher hinzustellen. Beim Sprechen der Silbe *Yaman* berühren die Hände den Boden, bei *Taka* die Hüfte, bei *Ant* klatschen die Hände auf die Schultern und bei *Fat* werden sie zum Himmel hochgereckt. Wiederholen Sie diesen Zyklus zwei- bis dreimal.

Hände hoch
Wählen Sie, ob die Schüler lieber stehen oder sitzen sollen – beides ist möglich. Fordern Sie die Schüler auf, beide Arme hoch über den Kopf zu strecken und diese dort zusammenzuführen. Jetzt ziehen die Schüler die Arme so hoch wie möglich. Lassen Sie sie bis zehn zählen und sich bei jeder Zahl ein Stück höher strecken. Dann sollen sie die Arme wieder hängen lassen und sich entspannen. Wiederholen Sie diese Übung zwei- bis dreimal.

Den Atem beobachten
Fordern Sie die Schüler auf, sich aufrecht auf einen Stuhl zu setzen. Sie sollen nun während des Einatmens *EIN* und während des Ausatmens *AUS* denken. Die Schüler sollen ihrem Atem folgen, ihn schneller oder langsamer werden lassen, wie der Atem es selbst will. Ihre Gedanken kommen und gehen, aber die Schüler lassen sie ziehen. Sie bringen die Aufmerksamkeit immer wieder auf das Ein- und Ausatmen zurück. Lassen Sie die Schüler ihren Atem ein bis zwei Minuten lang beobachten.

Liegende Acht
Fordern Sie die Schüler auf, sich locker hinzustellen und den linken Arm bis auf Augenhöhe nach vorne ausgestreckt zu heben. Nun sollen sie mit der linken Hand eine liegende Acht beschreiben, die Sie von der Mitte nach links oben beginnen.

Führen Sie diese Übung dreimal mit der linken Hand, dreimal mit der rechten Hand und dreimal mit beiden Händen gleichzeitig durch. Die Augen sollen dabei die Armbewegungen verfolgen.

Überkreuzbewegung

Fordern Sie die Schüler auf, sich locker hinzustellen. Sie sollen dann mit der rechten Hand das linke Knie und mit der linken Hand das rechte Knie berühren. Die nicht kreuzende Hand schwingt dabei weit nach hinten. Variationen: Knie mit Ellenbogen berühren, dabei hüpfen.

Dick & Doof

Fordern Sie die Schüler auf, im Sitzen mit der linken Hand an die Nase und mit der rechten Hand an das linke Ohr zu greifen. Dann greift umgekehrt die rechte Hand an die Nase und die linke Hand gleichzeitig an das rechte Ohr. Dazwischen wird mit beiden Handflächen auf die Oberschenkel geklatscht. Wiederholen Sie diese Übung ca. zehnmal. Variation: Beim Klatschen auf die Oberschenkel kann zusätzlich der Kopf einmal nach links und einmal nach rechts gedreht werden.

Dynamisches Sitzen

Fordern Sie die Schüler auf, sich auf ihren Stühlen unterschiedlich hinzusetzen. Sie können es den Schülern überlassen, welche Sitzposition diese einnehmen oder verschiedene Positionen vorgeben, die die Schüler dann nachmachen. Mögliche Sitzpositionen sind: Schneidersitz, Beine unter dem Po, umgedreht sitzen, sich an die Rückenlehne mit den Ellenbogen stützen, ein Knie an die Brust heben, ganz vorgehen mit den Füßen und den Stuhl mit möglichst wenig Körperkontakt berühren, nur auf einer Ecke des Stuhles sitzen, auf den Knien sitzen, auf dem Bauch sitzen … Beenden Sie diese Übung nach ca. zwei Minuten.

Schulterbereich beweglich machen

Sie können die folgenden Übungen der Reihe nach durchführen oder einzelne auswählen und mehrmals durchführen.
- Im Stand oder Sitz die Schultern hochziehen und wieder fallen lassen (einzeln, beidseitig und wechselseitig).
- Die Schultern im Stand oder Sitz nach vorne und nach hinten ziehen.
- Mit den Händen abwechselnd weit nach oben zum *Äpfel pflücken* greifen und ganz nach unten zum *Rüben ziehen*.
- Die Schultern im Stand oder Sitz einzeln oder beidseitig nach vorne und hinten kreisen.

- Zwei Schüler legen die Handflächen aneinander und drücken abwechselnd die rechte bzw. linke Hand des Partners zurück, sodass die Arme gestreckt und gebeugt werden.

Bayerische Landesstelle für den Schulsport (2009). Voll in Form. Verfügbar unter http://www.cms-bitforbit.com/newsimages/8.3_Dynamisches_Sitzen.pdf [13.09.2012]

Gosch, J. & Kohlmaier, D. (2008). Kreative Bewegungsübungen: einfach gemacht. Verfügbar unter http://www.timelessvision.at/leseprobe.pdf [13.09.2012]

Pilz-Aden, H. (2004). Lernen mit Kopf, Herz und Hand: Kapitel 9: Spielideen, Bewegungs- und Entspannungsübungen für den Schulalltag. Verfügbar unter http://www.ohg.goe.ni.schule. de/ ohg/0201projekte/0411bew_schule/lernen,%20bewegen,%20entspannen.pdf [09.08.2012]

Wallenwein, G. (2003). Spiele: Der Punkt auf dem i: Kreative Übungen zum Lernen mit Spaß. Weinheim.

5 Die Zeit nach dem Training

Die Zeit nach dem Training kann am effektivsten genutzt werden, wenn Sie Ihre Schüler dabei unterstützen, die Inhalte präsent zu halten. Damit können Sie dazu beitragen, dass die Inhalte nicht in Vergessenheit geraten und Ihre Schüler diese in den richtigen Situationen parat haben. Sie können Ihren Schülern auch die Möglichkeit geben, die Inhalte auf Aufgaben anzuwenden. Damit brechen Sie den Selbstregulationszyklus so weit herunter, dass er unmittelbar bei jeder Lernhandlung sichtbar und positiv veränderbar wird, wodurch wiederum Erfolgserlebnisse möglich werden. Außerdem ist es wichtig, dass Sie selbst als Vorbild für Ihre Schüler in Puncto Selbstregulation fungieren. Damit vermitteln Sie zum einen ein stimmiges Bild vom Stellenwert der Selbstregulation und Sie ermöglichen es Ihren Schülern, am Modell zu lernen. In den folgenden drei Unterkapiteln werden wir darstellen, wie Sie diese drei Punkte in Ihren Unterricht einbauen können.

5.1 Als Vorbild fungieren

Durch den bewussten Umgang mit Ihrer Vorbildfunktion auch in Sachen Selbstregulation können Sie Ihre Schüler dauerhaft fördern. Besonders unkomplizierte Möglichkeiten sind folgende:

Geben Sie Ihren Schülern zu Beginn der Themeneinheit, der Woche und/oder der einzelnen Unterrichtsstunden Ihre Ziele und den Weg dorthin bekannt. So wird klar, dass auch Sie sich für Ihren Unterricht Ziele setzen und sich überlegen, wie Sie diese mit Ihren Schülern erreichen können.

> Schaffen Sie Transparenz bei Ziel und Plan!

Wenn Sie beim Bearbeiten einer Aufgabe (z. B. Vorrechnen) jeden Denkschritt bewusst aussprechen, können Ihre Schüler das dahinterliegende Muster erkennen. Damit verdeutlichen Sie, dass es ein sinnvolles Vorgehen gibt, das auch Sie sich bei der Bearbeitung bewusst machen.

> Denken Sie Laut!

Sprechen Sie vom Durchhalten! Sie kennen sicherlich selbst Situationen, in denen Ihnen die notwendige Motivation oder das Durchhaltevermögen fehlen, um eine unliebsame Tätigkeit schwungvoll anzugehen und durchzuhalten. Sie können diese Situationen als Beispiele nutzen, um Ihren Schülern zu verdeutlichen, wie Sie sich dabei selbst wieder motivieren. Gegebenenfalls können Sie sogar Beispiele aus dem Unterricht nehmen und beschreiben, wie Sie Ihre Konzentration trotz Unruhe etc. aufrechterhalten.

Lernen Sie aus Fehlern! Fehler sind wunderbare Quellen, um daraus zu lernen. Lassen Sie nicht nur Ihre Schüler Fehler machen und reflektieren, sondern erzählen auch Sie von Irrtümern, die Ihnen unterlaufen. Besprechen Sie Fehler, die (Ihnen) im Unterricht passieren, konstruktiv nach.

Vergleichen Sie die Schüler mit sich selbst! Achten Sie bei der Rückmeldung nach Leistungsüberprüfungen, wie z. B. Klassenarbeiten, darauf, die Schüler möglichst mit ihren eigenen vorherigen Leistungen zu vergleichen. Am besten eignet sich dafür der Notenverlauf über das halbe oder gesamte Schuljahr.

Reflektieren Sie gemeinsam! Sobald Sie Ziele und Pläne transparent machen, gilt es auch, diese zu reflektieren. Überlegen Sie gemeinsam mit Ihren Schülern am Ende der Themeneinheit, der Woche und/oder der Unterrichtsstunde was gut war, was besser gemacht werden kann und welche Erkenntnisse und Vorsätze in die nächste Einheit mit einfließen sollten.

Zeigen Sie Ihre Entwicklung! Mit der Entscheidung, dieses Trainingsprogramm durchzuführen, haben Sie bereits Ihr Engagement und Ihre Bereitschaft, sich und Ihre Schüler weiterzuentwickeln unter Beweis gestellt. Zeigen Sie Ihren Schülern, dass die Anwendung neuer Methoden manchmal schwierig ist, Ihnen aber die Weiterentwicklung trotzdem Freude bereitet.

5.2 Inhalte bei Aufgaben anwenden

Sie können über die folgenden Maßnahmen ermöglichen, dass Ihre Schüler den Selbstregulationszyklus auf einzelne Aufgaben anwenden und die Aufgabenbearbeitung somit optimieren:

Machen Sie kognitive Lernstrategien explizit! Wenn Sie Ihren Schülern, die für Ihr Unterrichtsfach wichtigen kognitiven Lernstrategien vermitteln, können Sie auch Überlegungen dazu anregen, welche davon wann einzusetzen sind, z. B. das Erstellen eines Glossars oder die 5-Schritt-Lesemethode. Stellen Sie klar, dass dies bereits ein wichtiger Schritt der Planung ist.

Motivieren Sie die Schüler bei der Bearbeitung konkreter Aufgaben zur Anwendung der erlernten Strategien. Bauen Sie hierzu in Instruktionen für die

Hausaufgaben oder umfangreiche Aufgaben im Unterricht ein, sich Ziele zu setzen und die Aufgabenbearbeitung sowie den weiteren Strategieeinsatz zu planen. Hier ist es sinnvoll, so konkret wie möglich zu werden, das heißt ganz genau die einzusetzenden kognitiven Lernstrategien zu planen und in die Reflexion gegebenenfalls auch die Fehleranalyse zu integrieren.

Bauen Sie Selbstregulation in die Aufgabe ein!

Anhand der Unterrichtsfächer Mathematik und Sport möchten wir Ihnen exemplarisch zeigen, wie das selbstregulierte Lernen in die Instruktion eingebaut werden kann. Sie werden feststellen, dass dieses Vorgehen auch auf andere Fächer übertragbar ist.

Im Mathematikunterricht lohnt es sich gerade bei komplexen Problemlöse- oder Modellierungsaufgaben zur Selbstregulation anzuregen. Dies machen Sie am besten, indem Sie die folgenden Schritte schriftlich instruieren und vor der Aufgabe gemeinsam durchgehen, um Fragen zu klären.

Beispiel Mathematikunterricht

Die Schüler können mit der Motivation beginnen: Was weiß ich bereits über den in der Aufgabe beschriebenen Sachverhalt? Wo finde ich diese Aufgabenstellung im Alltag? Wo wird mir die Lösung dieses Problems später nützlich sein? Wie kann ich mich nach dem Rechnen selbst belohnen?

Anschließend geht es um die Zielsetzung. Mögliche Ziele sind die Lösung zu finden, die Lösung als Erster zu finden oder auch Formeln richtig anzuwenden. Hier wird deutlich, dass die Schüler das Ziel nach ihrem individuellen Leistungsniveau setzen können.

Dann sollen die Schüler überlegen, was sie zur Zielerreichung brauchen. Hier sind Fragen wichtig wie: Was ist gegeben, was ist bekannt? Welche Rechenoperationen/Lösungsstrategien muss ich anwenden? Welche Hilfsmittel brauche ich?

Während des Rechnens sollte das Selbst-Monitoring greifen, das überprüft, ob man noch konzentriert bei der Sache ist und auf dem beschrittenen Weg an das Ziel kommt. So können Strategien wie ein Überschlag vor dem eigentlichen Rechnen oder eine Probe nach dem Rechnen bei der Überprüfung helfen.

Anschließend ist bereits die Reflexion an der Reihe. Bei manchen Zielen können die Schüler nicht selbst beurteilen, ob sie es erreicht haben. Besonders bei der Prüfung der Richtigkeit einer Lösung sind sie auf Ihre Rückmeldung oder die gegenseitige Korrektur des Rechenweges untereinander angewiesen. Zwischenergebnisse o. Ä. können hier unterstützen.

Warum das Ziel erreicht wurde oder nicht, was gut geklappt hat und was nicht, sind notwendige Vorüberlegungen für die Vorsatzbildung. Je nach Ziel können sich diese Feststellungen auf den Rechenweg, die Aufrechterhaltung der

Konzentration etc. beziehen. Danach sollte ein Vorsatz für die nächste Aufgabe gebildet werden. Dieser kann in den Notizen besonders gekennzeichnet werden, sodass er leicht wiederzufinden ist. Vergessen Sie nicht, bei der nächsten Aufgabe auch die Beachtung alter Vorsätze zu instruieren!

Beispiel Sportunterricht Durch die vielen notwendigen Übungssequenzen bis zum Beherrschen der Bewegungsabläufe in verschiedenen Sportarten eignet sich der Sportunterricht sehr gut dazu, den kompletten Selbstregulationszyklus zu durchlaufen. So können Sie z. B. beim Basketball dazu auffordern, dass sich Ihre Schüler ein Ziel setzen, wie viele von drei Würfen im Korb landen sollen. Sie sollen auch überlegen, wie sie das schaffen können. So können die Schüler den Abstand zum Korb verändern oder die Wurftechnik variieren.

Nach dem Werfen sollen die Schüler reflektieren, was gut geklappt hat und was noch nicht so gut geklappt hat. Sie können sich dann überlegen, was sie besser machen können und ob sie dafür ihr Ziel oder ihre Strategie anpassen wollen. Wiederholen Sie diesen Zyklus am besten mehrfach, damit die Schüler die Gelegenheit bekommen, den Verlauf ihrer Leistung zu erkennen.

5.3 Inhalte explizit ansprechen und aktiv halten

Sie können durch die folgenden Maßnahmen unterstützen, dass das Training den Teilnehmern nachhaltig im Gedächtnis bleibt und die Inhalte aktiv genutzt werden:

Sprechen Sie über die Nachhaltigkeit! Besprechen Sie nach ein bis zwei Monaten die Nachhaltigkeit des Trainings mit Ihren Schülern. Prüfen Sie hierbei gemeinsam, welche Strategien noch genutzt werden und welche nicht, in welchem Kontext und unter welchen Umständen bestimmte Strategien angewendet werden und in welchen nicht. So können Sie mit den Schülern herausfinden, welche Eigenschaften eine Strategie haben muss, um angewandt zu werden und wie die Umstände sein müssen, damit eine Strategie hilfreich erscheint. Anschließend können Sie darauf aufbauend überlegen, ob weitere Strategien diese Eigenschaften erfüllen, wie sie abgewandelt werden können oder wie die Umstände verändert werden können, um weitere Strategien nutzbar zu machen. Hier gilt aber natürlich nicht einfach das Prinzip *je mehr desto besser,* sondern es geht darum, dass jeder Schüler die für sich besten Strategien identifiziert und bei Bedarf anwendet.

Mögliche Diskussionsfragen sind: Was wird noch angewendet und was nicht mehr? Wie können die nicht angewendeten Strategien verändert werden, damit sie angewendet werden? Wo wird die Anwendung noch gewünscht? Wo muss man noch Räume für die Anwendung schaffen? Wie müssen diese beschaffen sein?

Achten Sie darauf, immer wieder Bezug auf die vermittelten Inhalte zu nehmen. Besonders gut eignen sich der Anfang und das Ende bestimmter Phasen (z. B. Schuljahr, Halbjahr, neues Thema in einem Fach, Klausurvorbereitung, nach der Klausur), um bei den Schülern die Anwendung der Inhalte anzuregen. Oder wählen Sie einen Zeitraum aus, z. B. einen Monat, in dem Sie am Anfang und Ende jeder Woche Ziele setzen und reflektieren, sodass über diesen Zeitraum die Einübung intensiv erfolgen kann.

Nehmen Sie Bezug auf die Inhalte!

Besprechen Sie die Nutzung des Lerntagebuchs nach, indem Sie die Erfahrungen der Teilnehmer damit reflektieren und Wege suchen, wie es noch hilfreicher sein könnte, das Tagebuch zu führen. Lassen Sie die Schüler gegebenenfalls das Tagebuch mit den Materialien der 6. Trainingssitzung zum Selbst-Monitoring und ihren eigenen Erfahrungen überarbeiten.

Sprechen Sie über das Tagebuch!

Lassen Sie die Schüler gemeinsam zu Beginn eines neuen Schulhalbjahres, Unterrichtsthemas oder Monats ein Ziel setzen und die Erreichung planen. Resümieren Sie nach dem verstrichenen Zeitintervall gemeinsam, was daraus für den nächsten Zeitraum folgt. Sie können dies im Klassenverband durchführen oder in Einzelgesprächen, um Ihre Schüler spezifisch zu fördern.

Wenden Sie die Inhalte gemeinsam an!

Sobald Ihre Schüler über längere Zeiträume an einer Aufgabe arbeiten, können Sie das selbstregulierte Vorgehen durch gezielte Instruktionen anregen. Projekte (z. B. Referate vorbereiten, Ausarbeitungen schreiben oder auch Vorbereitung von Sportwettbewerben etc.) eignen sich in besonderem Maße, Selbstregulationsstrategien anzuwenden. Hier besteht für die Schüler viel Raum sich auszuprobieren und dieser sollte genutzt werden!

Schaffen Sie Raum für Selbstregulation!

Wenn Sie feststellen, dass Ihre Schüler Stärken und Schwächen bei bestimmten metakognitiven, kognitiven und/oder motivationalen Strategien haben, dann melden Sie das auch zurück. Achten Sie besonders bei den Schwächen darauf, konstruktive Hinweise zu geben, welche Strategien besser helfen könnten oder wie Strategien dafür abzuwandeln wären.

Geben Sie Feedback!

Halten Sie sich auf dem Laufenden was selbstreguliertes Lernen und andere Methoden betrifft. So können Sie flexibel auf den Bedarf Ihrer Klasse oder einzelner Schüler reagieren und auch einzelne Übungen einsetzen und Denkanstöße geben. Beispiele für weitere Trainingsprogramme finden Sie bei: Artelt (2000), Götz (2006) sowie bei Ziegler und Stöger (2009).

Bleiben Sie informiert!

Literatur

Aesop (550 v. Chr.). Verfügbar unter http://www.blueprints.de/artikel/einstellung-verhalten/die-beiden-froesche-fabel.html [09.08.2012].

Artelt, C. (2000). *Strategisches Lernen*. Münster.

Baumert, J. et al. (2003). *PISA 2000. Ein differenzierter Blick auf die Länder der Bundesrepublik Deutschland*. Opladen..

Ben-Shahar, T. (2007). *Glücklicher: Lebensfreude, Vergnügen und Sinn finden*. München.

Brunstein, J.C. & Spörer, N. (2001). Selbstgesteuertes Lernen. In: D.H. Rost (Hrsg.), H*andwörterbuch Pädagogische Psychologie* (622–629). Weinheim. 2. Auflage.

Busch, W. (2007). *Wilhelm Busch Gesammelte Werke*. Zürich. (Erstveröffentlichung 1923)

Colquitt, J.A., LePine, J.A. & Noe, R.A. (2000). Toward an integrative theory of training motivation. A meta-analytic path analysis of 20 years of research. *Journal of Applied Psychology, 85*, 678–707.

Corte, E.de, Verschaffel, L. & Op't Eynde, P. (2000). Self-Regulation. A Characteristis and a Goal of Mathematics Education. In: M. Boekaerts, P.R. Pintrich, M. Zeidner und M. Zeider (Hrsg.): *Handbook of Self-Regulation*. (687–726). San Diego (CA),

Csikszentmihalyi, M. (2008). *Das Flow Erlebnis: Jenseits von Angst und Langeweile: Im Tun und Aufgehen* (11. Auflage). Verfügbar unter http://books.google.de/books?hl=de&lr=&id= UAjFmGu RhlkC&oi=fnd&pg=PA58&dq=flow+erleben+csikszentmihalyi&ots=YpwzVQAAxr&sig=qFQ 7UZHBka86T2ICi5N-oqRYsP8#v=onepage&q=flow%20erleben%20csikszentmih alyi&f=false [08.06.12].

De Jong, P. & Kim Berg, I. (1998) *Lösungen (er-)finden*. Dortmund.

Dewitte, S. & Lens, W. (2000). Procrastinators lack a broad action perspective. *European Journal of Psychology, 14*, 121–140.

Dignath, C. & Büttner, G. (2008). Components of fostering self-regulated learning among students. A meta-analysis on intervention studies at primary and secondary school level. *Metacognition & Learning, 3*, 231–264.

Fliegel, S. & Kämmerer, A. (2006). *Psychotherapeutische Schätze. 101 bewährte Übungen und Methoden für die Praxis*. Tübingen.

Friedrich, H.F. & Mandl, H. (1997). Analyse und Förderung selbstgesteuerten Lernens. In F.E. Weinert & H. Mandl (Hrsg.), *Psychologie der Erwachsenenbildung. Enzyklopädie der Psychologie, Themenbereich D, Praxisgebiete, Serie I, Pädagogische Psychologie* (237–293). Göttingen.

Glaser, C. (2005). *Förderung der Schreibkompetenz bei Grundschülern: Effekte einer integrierten Vermittlung kognitiver Schreibstrategien und selbstregulatorischer Fertigkeiten*. Dissertationsschrift, Universität Potsdam.

Hamman, Berthelot, Saia & Crowley (2000). Teachers' coaching of learning and its relation to students' strategic learning. *Journal of Educational Psychology, 92*, 342–348.

Hattie, J. (2012). *Visible Learning for Teachers: Maximizing Impact on Learning*. London and New York.

Hesse, H. (1974). Demian: *Die Geschichte von Emil Sinclairs Jugend*. Frankfurt am Main. (Erstveröffentlichung 1919).

Kirkpatrick, D.L. (1998). *Another look at evaluating training programs*. Alexandria, VA.

Kline, F. M., Deshler, D. D., & Schumaker, J. B. (1992). Implementing learning strategy instruction in class settings: A research perspective. In M. Pressley, K. R. Harris, & J. T. Guthrie (Eds.), *Promoting academic competence and literacy in school* (361–406). New York.

Klippert, H. (1994). *Methoden-Training. Übungsbausteine für den Unterricht*. 12. Auflage. Weinheim und Basel.

Landmann, M. (2005). *Selbstregulation, Selbstwirksamkeit und berufliche Zielerreichung. Entwicklung, Durchführung und Evaluation eines Trainingsprogramms mit Tagebuch zur Unterstützung des Self-Monitorings*. Aachen.

Landmann, M. & Schmitz, B. (2007). *Selbstregulation erfolgreich fördern*. Stuttgart.

Leinemann, J. (2004). *Sepp Herberger. Ein Leben, eine Legende*. München.

Lichtenberg, G. Ch. (1987). *Aphorismen*. Ditzingen. (Erstveröffentlichung um 1770)

Locke, E.A. & Latham, G.P. (2002). Building a practical useful theory of goal setting and task motivation. *American Psychologist, 57,* 705–717.

Ludwig, F. (2003). *Konzeption und Evaluation eines Fragebogens zur Selbstmotivation bei Studenten*. Unveröffentlichte Diplomarbeit an der Technischen Universität Darmstadt.

Meyer, H. (2005). *Was ist guter Unterricht?* Berlin.

Miethner, S., Schmidt, M. & Schmitz, B. (2008). *Mein Kind lernt Lernen. Ein Praxisbuch für Eltern*. Stuttgart.

Mischo, C. & Rheinberg, F. (1995). Erziehungsziele von Lehrern und individuelle Bezugsnormen der Leistungsbewertung. *Zeitschrift für Pädagogische Psychologie, 9,* 139–151.

Pajares, F. & Schunk, D.H. (2001). Self-beliefs and school success: self-efficacy, selfconcept, and school achievement. In R. Riding & S. Rayner (Hrsg.), *Perception* (239–266). London.

Pekrun, R. & Schiefele, U. (1996). Emotions- und motivationspsychologische Bedingungen der Lernleistung. In F. E. Weinert (Hrsg.), *Psychologie des Lernens und der Instruktion* (153–180). Göttingen.

Perels, F., Dignath, C. & Schmitz, B. (2009). Is it possible to improve mathematical achievement by means of self-regulation strategies? Evaluation of an intervention in regular math classes. *European Journal of Psychology of Education, 24,* 17–32.

Perels, F., Gürtler, T. & Schmitz, B. (2005). Training of self-regulatory and problem-solving competence. *Learning and Instruction, 15,* 123–139.

Perels, F., Löb, M., Schmitz, B. & Haberstroh, J. (2006). Hausaufgabenverhalten aus der Perspektive der Selbstregulation. *Zeitschrift für Entwicklungspsychologie und Pädagogische Psychologie, 38,* 175–185.

Perels, F., Schmitz, B. & Bruder, R. (2003). Trainingsprogramm zur Förderung der Selbstregulationskompetenz von Schülern der achten Gymnasialklasse. *Unterrichtswissenschaft, 31,* 23–38.

Preiser, S. (2001). Kontrollüberzeugungen. In D.H. Rost (Hrsg.), *Handbuch Pädagogische Psychologie* (355–360). Weinheim.

Rheinberg, F. (2004). *Motivation*. 5. Auflage. Stuttgart.

Rheinberg, F. (2001). Bezugsnormorientierung. In D.H. Rost (Hrsg.), *Handbuch Pädagogische Psychologie* (55–62). Weinheim.

Richardson, M., Abraham, C. & Bond, R. (2012). Psychological Correlates of University Students' Academic Performance: A Systematic Review and Meta-Analysis. *Psychological Bulletin, 138,* 353–387.

Rollett, B. (2001). Die integrativen Leistungen des Gehirns und Konzentration. Theoretische Grundlagen und Interventionsprogramme. In K.J. Klauer (Hrsg.), *Handbuch kognitives Training* (539–557). Göttingen.

Schmitz, B. & Wiese B. S. (2006). New perspectives for the evaluation of training sessions in self-regulated learning: Time-series analysis of diary data. *Contemporary Educational Psychology, 31,* 64–96.

Schmitz, B. & Perels, F. (2011). Self-monitoring of self-regulation during math homework behaviour using standardized diaries. *Metacognition Learning 6,* 255–273.

Schreiber, B. (1998). *Selbstreguliertes Lernen.* Münster.

Schunk, D.H. & Ertmer, P.A. (2000). Self-regulation and academic learning: Self-efficacy enhancing interventions. In M. Boekaerts, P.R. Pintrich, M. Zeidner (Hrsg.), *Handbook of Self-Regulation* (631–649). San Diego.

Seiwert, L.J. (1999). *Das neue 1×1 des ZeitManagement.* Offenbach.

Spinath, B. (2006). *Motivation in der Pädagogischen Psychologie: Wie bedeutsam ist Motivation für Schulerfolg und wie leicht ist sie veränderbar?* Vortrag im Rahmen des 45. Kongresses der Deutschen Gesellschaft für Psychologie (DGPs) in Nürnberg.

Standop, J., (2005) *Werte-Erziehung Einführung in die wichtigsten Konzepte der Werteerziehung.* Weinheim.

Steel, P., Brothen, T. & Wambach, C. (2001). Procrastination and personality, performance, and mood. *Personality and Individual Differences, 30,* 95–106.

Tolle, E. (2000). *Jetzt! Die Kraft der Gegenwart.* Bielefeld.

Trautwein, U. & Köller, O. (2003). Was lange währt, wird nicht immer gut: Zur Rolle selbstregulativer Strategien bei der Hausaufgabenerledigung. *Zeitschrift für Pädagogische Psychologie, 17,* 199–209.

Werth, S., Wagner, W., Ogrin, S., Trautwein, U., Friedrich, A., Keller, S., Ihringer, A. & Schmitz, B. (2012). Förderung des selbstregulierten Lernens durch die Lehrerfortbildung »Lernen mit Plen«: Effekte auf fokale Trainingsinhalte und die allgemeine Unterrichtsqualität. *Zeitschrift für Pädagogische Psychologie, 26,* 291–305.

Wild, K.P. & Schiefele, U. (1994). Lernstrategien im Studium. Ergebnisse zur Faktorenstruktur und Reliabilität eines neuen Fragebogens. *Zeitschrift für Differentielle und Diagnostische Psychologie, 15,* 185–200.

Ziegler, A. & Stöger, H. (2009). *Trainingshandbuch Selbstregulierten Lernens I. Lernökologische Strategien für Schüler der 4. Jahrgangsstufe Grundschule zur Verbesserung zur Verbesserung mathematischer Kompetenzen.* Lengerich.

Zimmerman, B.J., Bonner, S. & Kovach, R. (1996). *Developing Self-Regulated Learners. Beyond Achievement to Self-Efficacy.* Washington, DC.

Danksagung

Wir möchten an dieser Stelle allen an diesem Projekt Beteiligten danken, die durch ihr Engagement und Interesse die Konzeption, Durchführung und Optimierung des Trainingsprogramms sowie die Verschriftlichung dieses Praxisbandes ermöglicht haben.

Ganz besonders danken wir allen Schülerinnen und Schülern des HLL Dreieich, die am Trainingsprogramm und der Trainingsevaluation teilgenommen haben. Wir verdanken vor allem ihnen die Möglichkeit zur stetigen Verbesserung dieses Trainingsprogramms.

Wir danken außerdem dem Hessischen Kultusministerium und dem HLL Dreieich für die Förderung dieses Projekts. Herrn Frank Roters vom HLL Dreieich und Frau Sybille Klingenbiel vom Hessischen Kultusministerium danken wir für die Unterstützung in organisatorischen Belangen.

Unser Dank gilt auch Andrea Schropp, Jessica Lang, Lisa Scheffczyk, Hannah Kössel, Stephanie Moser, Sarah Haardt, Florian Ennemann und Anna Schmidt, die durch ihre tatkräftige Mitarbeit bei der Optimierung des Manuskriptes dieses Buch ermöglicht haben.

Ebenso möchten wir Frau Annika Gerstenberg für die konstruktive und unkomplizierte Zusammenarbeit während der Erstellung dieses Buches danken.

Anhang – Quiz

Nachfolgend finden Sie die 16 Quiz-Fragen mit je vier Antwortoptionen. Die richtige Antwort ist kursiv geschrieben.

1. Was kann man mit dem SMART-Modell planen?
   A: Übungen
   B: Aufgaben
   C: *Ziele*
   D: Lernstrategien

2. Wie müssen Ziele formuliert sein?
   A: Messbar, allgemein
   B: Anspruchsvoll, allgemein
   C: *Realistisch, messbar*
   D: Spezifisch, langfristig

3. Was bedeutet das T im SMART-Modell?
   A: *Terminiert*
   B: Trennbar
   C: Teilweise
   D: Testbar

4. Was kann man tun, wenn ein Ziel sehr weit entfernt ist?
   A: Anderes Ziel planen
   B: Ziel umformulieren
   C: Nichts, einfach weitermachen
   D: *Ziel in Teilziele zerlegen*

5. Was ist zentral in der Phase vor dem Lernen?
   A: Bewertung und Motivation
   B: Durchhalten und Ziele
   C: Selbst-Monitoring und Motivation
   D: Ziele und Motivation

6. Was sollte man in der Phase nach dem Lernen immer machen?
   A: Reflektieren
   B: Weitermachen wie bisher
   C: Neuen Lernstoff auswählen
   D: Das Gelernte wiederholen

7. Worauf sollte man Misserfolge am besten zurückführen?
   A: Mangelnde Fähigkeit
   B: Mangelnde Anstrengung
   C: Pech
   D: Einfluss anderer

8. Was sind Strategien der Selbstmotivation?
   A: Guter Umgang mit Fehlern
   B: Konzentration und Belohnung
   C: Belohnung und Kontrolle
   D: Belohnung und Ziele setzen

9. Was ist eine Strategie, um Ablenker auszuschalten?
   A: Belohnung setzen
   B: Regelmäßig Pause machen
   C: Handy ausschalten
   D: Wichtige Bücher bereit legen

10. Was ist keine Strategie zur Förderung der Konzentration?
    A: Feste Pausen planen
    B: Mit leichten Aufgaben anfangen
    C: Kurz entspannen
    D: Häufig zwischen Aufgaben wechseln

11. Welcher Begriff passt nicht in die Phase vor dem Lernen?
    A: *Konzentration*
    B: Emotionen
    C: Ziele
    D: Motivation

12. Was hilft nicht gegen das Aufschieben?
    A: Entschuldigung laut sagen
    B: Routine
    C: Konsequenzen überlegen
    D: *Freunde anrufen*

13. Was bedeutet Selbst-Monitoring?
    A: Auf einen Monitor schauen
    B: Anderes Wort für Motivation
    C: *Sich selbst beobachten*
    D: Aufmerksamkeit

14. Was gehört nicht zu den Lernstrategien?
    A: Organisation
    B: *Anwenden*
    C: Wiederholen
    D: Kritisches Prüfen

15. Was sollte man vor dem Lernen alles planen?
    A: *Umgebung, Zeit, Lernstrategien*
    B: Motivation, Freizeit
    C: Selbst-Monitoring, Motivation
    D: Konzentration, Reflexion

16. Wie kann man positive Gefühle herstellen?
    A: Schlafen
    B: *Lächeln*
    C: Sich aufregen
    D: Telefonieren